AF317461

Par le Cte Adrien de Calonne. Voy. De M. Canne.

Par le Cte Adrien de Calonne. Voy. De M. Canne.

ANALOGIES

L'ANCIENNE CONSTITUTION

LA CHARTE.

IMPRIMERIE DE TROUVÉ ET Cie,
rue Notre-Dame-des-Victoires, n. 16.

ANALOGIES

ENTRE

L'ANCIENNE CONSTITUTION

ET

LA CHARTE,

ET DES INSTITUTIONS QUI EN SONT LES CONSÉQUENCES;

PAR UN GENTILHOMME

A. C.

In legibus salus.

A PARIS,

CHEZ C. J. TROUVÉ, LIBRAIRE,

RUE NOTRE-DAME-DES-VICTOIRES, N° 16.

1828.

AVANT-PROPOS.

J'ai toujours considéré la haine de la noblesse française pour les nouvelles institutions comme une de ces calomnies qui tendent à entretenir la division parmi les esprits.

Ce que je disais en 1816, je le répétais en 1817; je l'écrivais en 1820; je le copie textuellement en 1828. C'est au lecteur à juger si j'ai apprécié les hommes et les choses qui concourent aux événemens : de ce jugement, quel qu'il soit, il ne peut résulter, je pense, le moindre doute sur la fixité de mes opinions politiques.

Je disais alors : S'il suffisait de crier *vive la Charte!* à la porte des églises, sur les places publiques, ou aux abords des colléges électoraux, nous ne saurions nier les sentimens des ultra-libéraux pour l'œuvre royale; mais la *répugnance* dont un des orateurs de ce parti a souillé la tribune française ; mais l'*excellence* de la révolution proclamée par un autre ; mais la *glorieuse cocarde tricolore* défendue dans la même enceinte, et tant d'autres doctrines qui, pour ne pas appartenir aux capitulaires de Charlemagne, ou aux instituts de saint Louis, n'en sont pas moins surannées, ne laissent aucun doute à cet égard.

Voltigeurs de la république, du consulat et de l'empire, ces prétendus libéraux commentent la Charte en attendant mieux.

Pour nous, vieux serviteurs de la monarchie, nous ne voyons que le Roi dans l'auguste législateur qui a *octroyé* la Charte à de loyaux et fidèles sujets. Fermes dans notre croyance politique, comme dans notre foi religieuse, nous la respectons et nous la pratiquons, parce que nous la tenons du Roi notre *seigneur* et *maître*, et que nous nous appuyons sur sa parole.

Qu'on se garde de voir en nous des *serviles ;* les libertés publiques, que nos pères nommaient *franchises nationales*, ont-elles jamais eu de défenseurs plus zélés? Le titre seul de *gentilhomme* ne nous rappelle-t-il pas, à chaque instant, nos devoirs à cet égard, comme il est la récompense de nos services?

Un mot sur la manière d'entendre et d'expliquer le gouvernement représentatif, suffit pour démontrer de quel côté est le véritable esprit national, fondé sur le respect dû aux lois, ce cachet de la plus noble indépendance.

A. C.

ANALOGIES

ENTRE

L'ANCIENNE CONSTITUTION

ET

LA CHARTE.

CHAPITRE PREMIER.

Profession de foi politique du Gentilhomme.

> Mon premier maître est Dieu, mon second
> le Roi de France; onques n'en aurai d'autre.
> (Le sieur de Bayard à Henri VIII.)

Un homme de génie, pair de France et ministre d'état, a cru devoir faire connaître la vérité
à la France et au Roi, dans des circonstances
difficiles; pourquoi le gentilhomme (1), convaincu

---

(1) « *Gentis homo*, homme de la nation. Henri VIII, Roi
» d'Angleterre, disait : Il n'est pas en mon pouvoir de faire
» un *gentilhomme* de nom et d'armes, mais bien de faire un
» chevalier ou un baron. Il n'y a que le temps et les années
» qui puissent donner la qualité de gentilhomme.

» François Ier disait : Je suis né gentilhomme et non Roi !
» Henri IV ajoutait : Foi de gentilhomme ! c'est notre plus
» beau titre !

» Je donne à la Chambre *la ferme et certaine assurance*

et pénétré des devoirs qu'impose ce titre, récompense d'une longue suite de services, ne la ferait-il pas connaître aussi à une époque où chaque parti prête à son adversaire une arrière-pensée sur la Charte, librement octroyée et concédée par le souverain à la nation ?

Le Roi, a dit Rivarol, est un principe pour le gentilhomme; ce principe est la monarchie vivante, ou, selon l'expression d'une femme célèbre, la monarchie faite homme.

De ce principe découle la Charte, comme le démontre son préambule, en présentant la nature du pouvoir qui en a fait *concession* et *octroi* (1).

Qui maintenant révoquerait en doute le respect et le dévouement du gentilhomme pour la Charte?

» que le sang de mon aïeul, Henri IV, a été transmis à mon » cœur dans toute sa pureté, et que, tant *qu'il m'en restera* » *une goutte dans les veines*, je saurai prouver à l'univers » entier que *je suis digne d'être né gentilhomme français*. » (Message envoyé, le 15 mai 1789, aux états-généraux, par S. A. R. Msr comte d'*Artois*, maintenant S. M. Charles X.) (A la fin, note 2.)

« Comment douter du patriotisme de celui dont le titre » seul est synonyme de patriote? »

(1) « A ces causes, nous avons volontairement, et par le » libre exercice de notre autorité royale, *accordé* et *accordons*, *fait concession* et *octroi* à nos sujets, tant pour nous » que pour nos successeurs, et à toujours, de la Charte cons-» titutionnelle qui suit. » (*Voyez* le préambule.)

Celui qui n'a jamais cessé de considérer la couronne comme la sauvegarde naturelle de toutes les libertés et franchises nationales;

Qui place le gouvernement représentatif proclamé par la Charte, sous l'égide de la monarchie qui l'a conçue;

Qui reclame une législation en harmonie avec la Charte (1);

Qui offre pour assurance de sa foi politique le serment fait à Reims, en rappelant que l'auguste législateur lui-même a présenté jadis les gentilshommes comme garans de ses promesses royales (2), ne peut avoir d'arrière-pensée à cet égard.

Serviteur dévoué à la monarchie et à la succession légitime dans la maison régnante, le gentilhomme adopte entièrement les principes de la Charte constitutionnelle, la division des pouvoirs qu'elle a établie. Il veut en maintenir l'esprit, et se soumet de plein gré aux conséquences de système, comme étant le seul propre à remplacer avec avantage les anciennes institutions, libertés et franchises.

Il ne jette un regard sur le passé que pour y

---

(1) Discours d'ouverture de la session de 1828.

(2) Proclamation de 1795, pages 9 et 10. (A la fin, note 2.)

puiser des leçons pour l'avenir, plaçant un mur d'airain entre l'un et l'autre.

Il entend que tous les intérêts créés par la révolution, *qui sont finis,* soient irrévocablement assurés.

Il maintient l'abolition des priviléges et des ordres privilégiés comme corps politiques; l'égalité de droits et d'admission à tous les emplois, la liberté des cultes, l'aliénation des propriétés opérée dans le cours de la révolution, quelle que soit leur origine; mais il n'admet plus l'application des mêmes principes. (*La confiscation des biens étant abolie et ne pouvant être rétablie.* Art. 66.)

Il pense que les nouvelles institutions doivent être replacées sur les bases anciennes et immuables de la religion et de la morale, et desire voir le clergé, jouissant, par sa position, d'une sage et légale indépendance, prendre part aux établissemens consacrés à tous les besoins de la société, et au soulagement de l'humanité.

Il desire voir placer les lois sous une plus grande influence morale, en en élaguant tout ce qui serait contraire à la religion et à la morale publique, comme à l'esprit de la monarchie.

Il croit que la police ne doit être ni une inquisition odieuse, ni une agence du despotisme ministériel, mais une garantie pour le trône, et la sécurité des citoyens.

Il réclame la liberté de la presse, mais avec les restrictions indispensables à l'ordre et à la tranquillité publique.

Il croirait se manquer à lui-même, s'il n'exprimait le vœu de voir les intérêts des administrés confiés plus généralement à des administrations locales, soit municipales, soit départementales ou provinciales; il voit combien la centralisation de toutes les affaires dans les ministères est abusive; combien elle tend à détruire les rapports nécessaires entre les administrés et leurs défenseurs naturels. C'est dans ce sens qu'il sollicite une révision des lois administratives.

Il embrasse les intérêts du commerce, des arts, de la civilisation; desire le développement de toutes les industries productives et des lumières qui les perfectionnent; et voit dans l'association libre des intérêts homogènes, sécurité, discipline et indépendance pour toutes les parties contractantes.

Il termine cette profession de foi politique, en réclamant *unité* de principes et de doctrines dans le ministère, comme base essentielle de toute administration et condition indispensable à sa marche (1).

____

(1) Qui désavouerait cette profession de foi politique?.... C'est la déclaration textuelle des principes de la majorité de la

Son opinion se renferme enfin dans ces mots : *Tout pour le Roi;* par ces mots, *tout pour le Roi,* il entend : *Tout pour le Roi, le bonheur et la gloire de la France.*

Chambre des députés de 1815 et 1816, proclamée *introuvable* par l'auguste auteur de la Charte. (*Voyez* à la fin la note n° 3.)

CHAPITRE II.

Coup-d'œil général sur l'ancienne Constitution française.

> La Constitution existe aussi ancienne que la monarchie des *Francs*. Elle est le fruit du génie, le chef-d'œuvre de la sagesse et le résultat de l'expérience.
>
> (Proclamation de Louis XVIII en 1795.)

« Il y a eu autrefois dans l'univers un grand
» peuple. Je préviens que ce n'est ni de Rome, ni
» de Carthage, ni des Grecs que j'entends parler..
» . . . .
» . . . . Profondeur dans le conseil ,
» sublimité dans les institutions, honneur, cou-
» rage, dévouement, vertus de tout genre; rien
» ne manque à ce peuple . . . .
» . . . .
» . . . . Tel a été le peuple germain.
» On se tromperait si on croyait que les Francs
» ont formé dans la Germanie un peuple parti-
» culier. Tacite, qui nous donne avec le plus
» grand détail l'énumération des nations ger-
» maines, ne mentionne pas les Francs; mais
» comme il nous décrit l'usage des associations,
» que nous retrouvons ensuite ces associations
» chez les peuples du Nord, sous le nom de

» confédération, et chez nous sous le nom de li-
» gues, nous apprenons par-là même l'origine des
» Francs. Ce fut une sorte d'élite formée chez
» un peuple qui était lui-même l'élite des peu-
» ples. C'est ce que témoigne aussi son nom,
» dont l'étymologie se rapporte à ce qu'il y a de
» plus noble, de plus généreux dans les senti-
» mens de l'homme.

» Après avoir figuré long-temps à Rome, en
» Espagne, en Italie, il est nécessaire de dire que
» ce peuple, qui s'établit finalement dans les
» Gaules, n'en asservit pas les habitans. Au con-
» traire, il les délivra; il reporta l'honneur sur
» une terre que la civilisation de Rome avait
» avilie; il établit partout où il passa la liberté
» qui était dans son nom, dans ses mœurs, dans
» ses enseignes. »

De ce berceau national, dont le tableau appartient textuellement à M. le comte de Montlosier,
a dû sortir l'ancienne constitution française qui
va se dérouler à nos yeux.

Qu'est-ce qu'une constitution politique, sinon
l'ensemble de lois fondamentales qui créent des
pouvoirs civils politiques, et les limitent; qui sou-
mettent tout à la loi, imposent des devoirs au citoyen, et lui reconnaissent des droits (1)?

---

(1) La loi salique, importée de la Germanie, appliquée à

« Relativement aux droits politiques, ajoute le
» même auteur, je dois observer que, quoique
» l'ordre du clergé fût le premier en rang, et qu'à
» cet égard on lui accordât une sorte de préséance,
» il n'avait en réalité aucune supériorité publi-
» que sur l'ordre de la noblesse; et de même,
» quoique l'ordre de la noblesse fût nommé
» avant celui de la bourgeoisie, il n'avait en réa-
» lité sur lui aucune supériorité positive. Cette
» parité entre les trois ordres n'était pas seule-
» ment établie par l'usage, elle avait été encore
» stipulée par des lois précises. Ces lois portaient
» qu'en aucun cas le vote de deux ordres ne
» pourrait engager le troisième : ce qui n'a ja-
» mais été contesté. »

Tels étaient les priviléges régulateurs des
classes dont se composait la nation française.

La constitution d'un état étant la règle des
pouvoirs dont le gouvernement n'est que l'application, on voit, par ce premier aperçu, quel sentiment d'une sage et véritable liberté présidait à
nos destinées.

Être le créateur de sa propre constitution est

---

la succession de la couronne, comme loi politique, en a réglé
les destinées, qui se confondent avec celles de la nation.

le plus beau des droits ; c'est la prérogative dont nos ancêtres ont joui.

Depuis que les Français existent en corps de nation, ils ont toujours formé un État gouverné par un Roi soumis aux lois établies.

Dès l'origine de la monarchie, la nation prononçait sur les affaires d'une haute importance ; le Roi décidait celles de moindre conséquence ; et le Roi et les grands de l'État concouraient à la formation des résolutions que prenait le corps de la nation. *De minoribus rebus principes consultant, de majoribus omnes ; ità tamen, ut ea quoque quorum penes plebem arbitrium est, apud principes pertractentur.*

Tel est le fond de notre constitution, importé de la Germanie, et d'où sont sorties ces assemblées de champs-de-mars et de mai, remplacées maintenant par nos chambres.

A l'époque de la troisième race et des *grandes polices*, les lois suivaient les progrès de la civilisation.

Les Rois, dont la souveraineté se confondait alors avec la suzeraineté, délivrent peu à peu ceux qu'ils gouvernent. Louis VI, celui qui est cité dans le préambule de la Charte, en affranchissant les communes, n'eut plus que des sujets. Grâce à cette émancipation, bienfait de la puissance royale, la France ne compta plus parmi ses enfans que des citoyens.

Ce principe, proclamé par la justice, quoique méconnu par la force, reçut, sous Philippe-le-Bel, un solennel hommage, à l'époque où il réunit à la couronne l'Auvergne, le Poitou, l'Anjou, le Maine, la Touraine, la Normandie, l'Artois, etc.

L'affranchissement fut enfin complet; il eut lieu dans toute l'étendue du royaume, par une loi donnée en 1318, par laquelle Philippe V déclara que la nature a fait tous les hommes libres, et que son royaume étant appelé le *royaume des Francs*, il voulait qu'il le fût d'effet comme de nom; qu'en conséquence, il ordonnait que les affranchissemens eussent lieu dans l'étendue de son royaume, à des conditions justes et modérées.

Si nous avons à regretter que la liberté ait été mise à prix en France, nous ne devons pas être moins surpris de ne voir en Angleterre de lois précises sur cet objet, et pour des affranchissemens partiels, que sous les règnes d'Henri VIII et d'Élisabeth.

Saint Louis termina par ses institutions ou établissemens ce que Louis-le-Gros et Philippe-Auguste n'avaient qu'ébauché; il soumit toutes les résistances, et l'on peut dire que chez ce grand homme la vertu commanda le respect et l'obéissance que réclamaient ses hautes vues législatives.

Le grand principe du vote de l'impôt par la nation, reconnu par l'ordonnance de 1254, avait déjà son exécution aux champs-de-mars et de mai.

Ce principe, qui, comme la vérité, se prouve par lui-même, se communiqua bientôt à tous les états de l'Europe; mais l'honneur national n'en revendique pas moins, comme on va le voir, la priorité pour notre pays.

C'est en 1302 que le tiers-ordre a été introduit, et pour toujours, dans les assemblées nationales. En 1342, les villes d'Allemagne prirent séance dans les diètes de l'empire. En 1350, dix-huit villes de Castille ont entrée aux Cortès.

Les communes avaient bien été introduites dans le parlement d'Angleterre en 1274, mais elles n'y eurent une place légale que sous le règne d'Édouard I⁰ʳ.

Telle fut donc l'influence du héros de la Palestine sur les progrès de la civilisation, qu'il servit l'humanité, en rendant l'homme à lui-même par la défense de ses droits.

Philosophe chrétien, Louis IX, comme législateur, suivit les inspirations de la religion; il ne vit dans ses sujets que des enfans. Fier dans la captivité, ce grand Roi, dont on ne peut attaquer la piété, puisqu'elle lui mérite le nom de saint, sut toujours défendre avec respect et fermeté les droits de son royaume contre les prétentions du saint-siége, et réduisit à sa juste valeur l'influence de la cour de Rome sur celle de France.

L'autorité royale s'accrut sous son règne de tout ce que la nation acquit de libertés; tant les intérêts bien entendus des Rois et des peuples se prêtent un mutuel secours pour l'utilité de tous!

Un demi-siècle s'était à peine écoulé depuis la naissance des états-généraux, que le droit national se développa. Le *droit d'imposer* et de répartir l'impôt, de *lever des contributions et d'en ordonner l'emploi*, se combina sous le règne de Charles V. C'est ainsi que fut cimentée la législation politique et financière du royaume.

Sous Charles VII, la nation, épuisée par suite des troubles intérieurs, se réfugia vers le trône. Malheureusement la nécessité d'entretenir des troupes soldées, fit reconnaître des impôts à perpétuité; ce qui dispensa de convoquer les états-généraux, pour y consulter la volonté nationale.

Louis XI s'en affranchit, en substituant aux états-généraux l'assemblée des notables, qu'il composa à son gré, en lui reconnaissant les mêmes pouvoirs.

François Ier fit plus : il leva des impôts sans consulter la nation.

Ces infractions à la constitution ne constatent pas moins son existence (1).

Le chancelier de L'Hospital suspendit quelque temps les malheurs de la France, en donnant aux lois la force qui leur est due, quand elles résultent du vœu national.

Henri III, forcé de convoquer les états, en reçut un refus, fondé sur ce que l'emploi des impôts n'était pas justifié. Il vit le danger de la position, et ne crut pouvoir en sortir qu'en sacrifiant, dans le duc de Guise, un rebelle devenu puissant.

Une grande erreur prévalut alors : les états de Blois ayant nommé les parlemens *états aux pe-*

---

(1)

ÉPOQUE DE LA TENUE DES ÉTATS-GÉN.		ASSEMBLÉE DES NOTABLES.	
1302.	Sous Philippe IV.	1326.	Philippe-le-Long.
1303.	*Id.*	1317.	*Id.*
1330.	Philippe de Valois.	1328.	Philippe de Valois.
1350.	*Id.*	1380.	Charles VI.
1355.	*Id.*	1413.	*Id.*
1357.	*Id.*	1456.	Louis XI.
1358.	*Id.*	1470.	*Id.*
1359.	*Id.*	1526.	François Ier.
1369.	Charles V.	1527.	*Id.*
1382.	Charles VI.	1558.	Henri II.
1420.	*Id.*	1566.	Charles IX.
1468.	Louis XI.	1596.	Henri IV.
1483.	Charles VIII.	1617.	Louis XIII.
1506.	Louis XII.	1626.	*Id.*
1560.	Charles IX et ceux de Pontoise,	1787.	Louis XVI.
1561.	qui en furent la suite.	1788.	*Id.*
1576.	Henri III.		
1588.	*Id.*		
1614.	Louis XIII.		

tits pieds, cette dénomination prévalut dans l'opinion, et les parlemens, nommés par le roi, devinrent aux yeux des peuples les représentans de la nation. Comme citoyen, chacun des membres pouvait faire partie de la représentation nationale, et non en qualité de magistrat. L'exception ne peut que justifier l'ordre légal.

On voit avec surprise et regret que, dans l'espace de cinq siècles, il n'y ait eu que dix-huit assemblées des états-généraux et seize de notables, qui ne pouvaient les remplacer.

La loi n'est loi que du consentement du Roi et de la nation : *Lex fit consensu populi et constitutione Regis* (1). Ce principe est un des premiers du droit français.

Tout homme né sur le territoire français était libre par le fait de sa naissance. « La liberté de cette » belle monarchie est si grande, que même son » air se communique à ceux qui le respirent ; et » la majesté de nos Rois est si auguste, quelle se » refuse de commander à des hommes qui ne sont » pas libres (2). »

La servitude féodale, qui se traînait dans une

----

(1) L'initiative royale, reconnue par la Charte, dérive de ce principe.

(2) *Histoire de France.*

ou deux provinces, ne portait aucune atteinte à la liberté; elle grevait seulement la propriété.

Tout ce que la loi ne défendait pas était permis, et l'on ne pouvait exiger ce qu'elle n'ordonnait pas.

La loi ne prohibant que ce qui était contraire au bien d'autrui, ne prescrivant que ce qui était utile à tous, ses dispositions conciliaient l'extension de toutes les libertés avec l'ordre qui en maintient la durée.

Nul ne pouvait être jugé que d'après les lois, et par des juges institués par elles.

La loi était égale pour tous les Français; sa protection leur était également assurée.

Tous les Français étaient également admissibles à tous les emplois et dignités de l'église, de l'armée, de la magistrature et de l'administration.

Si l'admission dans quelques ordres ou chapitres exigeait des preuves, c'est qu'ils n'étaient pas compris dans le domaine de la loi.

Les preuves exigées pour l'état militaire étaient contraires aux lois (1).

Tout Français, membre d'une commune, pou-

---

(1) « La constitution du royaume de France est si excel-
» lente, qu'elle n'a jamais exclu et n'exclura jamais les ci-
» toyens nés dans les plus bas étages, des dignités les plus
» élevées. » (Réponse au livre *Franca Gallia.*)

vait en défendre les droits : il en supportait les charges en participant à ses intérêts.

Tout Français pouvait élire et être élu pour la députation des états-généraux, sauf les exceptions résultant des capitulations de quelques provinces reconnues à l'époque de leur réunion à la France.

Tout Francais qui pouvait élire et être élu pour la députation des états-généraux, avait le droit de donner à son député une instruction, à laquelle celui-ci était tenu de se conformer.

Nul emploi public ne pouvait être rempli, nul office ne pouvait être tenu, nul bénéfice possédé, que par un Français.

La division des trois ordres, clergé, noblesse et tiers-état, ne partageait pas la France en castes (1).

Les obligations contractées par les deux pouvoirs étaient à l'avantage de la nation; elles n'avaient pour objet que *l'utilité générale, le service de l'autel et du trône.* L'ecclésiastique et le gentilhomme devaient s'y vouer exclusivement au bien de l'état.

Ces deux ordres, auxquels le troisième pouvait

---

(1) Le comte de Montlosier l'a fait connaître.

participer, offraient un puissant mobile d'émulation.

Les quatorze quinzièmes du clergé appartenaient au tiers-état. La profession des armes
faisait seule acquérir la noblesse d'une manière
légale; les autres n'étaient que des concessions.

En pensant que les Français appartenant aux
deux premiers ordres de l'état, ne formaient pas
la centième partie de la population, on conclura
qu'ils devaient être soutenus par le gouvernement
à qui ils rendaient de si grands services, ou disparaître aussitôt que cette force morale ne les
protégeait plus. Leurs obligations empêchaient
qu'ils ne devinssent à charge à la nation.

L'absence des plaisirs, la retraite et l'austérité
des mœurs du clergé, tendaient à entretenir la
pureté de la morale chrétienne, et à en propager
les doctrines. L'exemple des vertus chrétiennes,
dont l'exercice se manifestait surtout par des
œuvres de charité, contribuait à attacher à l'état,
par le lien de la religion, tous ceux que leurs besoins méconnus auraient pu en éloigner.

La noblesse était le prix du sang; on ne la con-
servait qu'en se vouant à la défense du pays et au
service de l'état. Tout gentilhomme était tenu de
faire de son corps un rempart qui couvrît le reste
des citoyens.

On a calculé que la perte de la noblesse en

temps de guerre, comparée à celle du tiers-ordre, était comme dix est à un, et, relativement à l'ordre lui-même, comme cent est à un ; ce qui a empêché de convoquer le ban et l'arrière-ban depuis 1674.

Toutes les professions lucratives appartenaient au tiers-ordre, à l'exclusion des deux autres ; chez lui, le service de l'état était secondaire ; il primait chez les autres.

L'aisance et la considération étaient le but auquel visait le tiers-ordre.

Les honneurs et les prérogatives de la naissance récompensaient les services des deux autres.

Ces honneurs consistaient en un droit de préséance dans les assemblées publiques ; un accès de préférence auprès du monarque ; quelques distinctions dans les vêtemens ; l'admission dans quelques ordres ou chapitres ; le droit d'être jugé par des juridictions supérieures. (*Jugement par ses pairs.*)

Les revenus du clergé étaient estimés un sixième de ceux de la nation ; son impôt était réputé volontaire dans une partie de la France.

Les propriétés de la noblesse jouissaient aussi de quelques priviléges, dont les avantages étaient compensés par les obligations qui y étaient attachées.

Les charges dont étaient grevés ces deux ordres étaient au bénéfice de tous.

Le clergé, suivant les anciens Canons, devait tenir en commun les biens ecclésiastiques du diocèse. Un quart appartenait à l'évêque; un quart était destiné au clergé; un quart pour les frais du culte; un quart pour le soulagement des pauvres.

Si l'évêque avait en patrimoine un revenu suffisant, il ne devait pas prendre sa part.

Aucun prêtre ne pouvait être ordonné qu'il n'y eût un titre avec charge d'âmes à lui confier.

Quant à la noblesse, le chancelier aux états de Blois (1576), s'exprimait ainsi sur son compte : « Qui voudra contre-peser les charges de la no-» blesse, à raison desquelles ces prérogatives et » franchises ont été octroyées, jugera qu'elle ne » les a gratuitement, étant sujette de prendre » et porter les armes pour la tuition et défense » du royaume et du Roi; abandonner leurs » femmes , enfans et maisons pour aller aux » frontières, et faire de leur corps comme un » rempart à tout un pays; accompagner le Roi » à toutes ses expéditions; employer et la vie et » les biens pour le service du Roi, pour le bien » public et repos universel. »

Administration.

Sous le rapport de l'administration , la France présentait le tableau d'états agrégés les uns aux autres, dépendans subordonnés sous certains rapports, indépendans sous d'autres, et tous homogènes, comme corps délibérant pour la surveillance de leurs intérêts. Tel est le spectacle qu'offraient les communes, les états provinciaux et les états-généraux.

Le royaume était divisé en quarante-quatre mille communes; la plupart avaient le droit de s'assembler et de délibérer sur leurs intérêts.

Elles avaient leurs chefs;

Avaient le droit de les élire;

Celui d'administrer leurs revenus.

Ces chefs pouvaient lever des contributions sur leurs concitoyens, avec l'approbation du Roi : principe admirable, qui rappelle sans cesse aux Français que le Roi est leur tuteur.

Quelques communes avaient le droit de juridiction dans tout leur territoire.

La charge de mayeur conférait, dans plusieurs villes, la noblesse (nommément à Abbeville). On a vu des princes du sang prendre le titre de bourgeois, qu'ils relevaient ainsi. On lit sur d'anciens sceaux, *Miles et Burgensis*.

Il était une province où chaque commune jouissait du droit, anciennement plus général, d'asseoir, répartir et lever à son gré les impôts, pourvu qu'elle fournît la somme pour laquelle elle était comprise dans l'imposition générale. Sous ce point de vue, on pouvait la considérer comme un état faisant partie d'un plus grand état.

Toutes les provinces étaient pays d'états, ou avaient droit de l'être; ignoré ou négligé, ce droit n'en existait pas moins : il fait partie de notre droit national.

Aucun état ne pouvait tenir ses assemblées qu'avec la permission du Roi, qui en fixait le jour et le lieu.

La périodicité de l'assemblée des états n'était pas la même dans toutes les provinces : dans quelques-unes, les assemblées étaient annuelles; chez d'autres, fixées à deux ou trois ans.

Les formes différaient, quant à la représentation. Dans quelques états, les députés étaient élus; dans d'autres, le droit d'en faire partie tenait à la possession de dignités, titres ou propriétés. Tous les membres de la noblesse avaient droit d'assistance en Bretagne; en Bourgogne, les gentilshommes ayant seigneuries et fiefs; en Artois, on exigeait des preuves de cent ans de noblesse et propriété; en Languedoc, la noblesse était représentée par un comte, un vicomte, et vingt-un barons.

Les suffrages étaient comptés par ordre.

Sous des formes différentes, l'objet des états était partout le même. La province délibérait sur l'impôt demandé par le Roi; l'accordait-elle, on levait l'impôt par abonnement, au nom de ces mêmes états.

Les impositions et les droits établis sur tout le royaume, n'étaient permis dans les provinces qu'avec le consentement des états.

Ces mêmes états levaient des contributions sur la province pour des dépenses qui lui étaient particulières, mais avec l'approbation du Roi.

Ils empruntaient avec la même approbation, et dans d'autres circonstances ils prêtaient leur crédit à l'état.

Ils transigeaient avec le gouvernement pour rachats d'impôt ou d'établissement onéreux.

Ils refusaient d'admettre les lois générales sur le droit privé, quand ces lois étaient contraires à leurs institutions particulières.

Ainsi, chaque pays d'état ayant un régime et des intérêts particuliers, trouvait dans la liberté générale la faculté de n'admettre que ce qui était analogue à ses droits, à ses mœurs et à ses usages. Heureuse combinaison, qui concilie les différens tempéramens avec la santé du corps de l'état, suivant les conditions que Montesquieu réclame des lois, leur rapport aux mœurs et à l'esprit de ceux qu'elles doivent gouverner.

Cette harmonie générale qu'on remarquait dans toutes les parties de l'administration, on la devait à ce que chaque commune était, à l'égard du citoyen, ce que les états provinciaux étaient à la commune, et le Roi aux états-généraux.

Ce système était homogène, depuis le citoyen jusqu'au corps de la nation, dont le Roi et les états-généraux étaient la représentation ; dépositaires des droits de tous, ils étaient encore défenseurs de ces mêmes droits, par l'admission du tiers-état.

On voit que toutes les classes étaient représentées.

Le droit de convoquer et de dissoudre les états appartenait au Roi.

Les députés étaient tenus de se conformer au mandat de leurs commettans, sous peine d'être désavoués.

Dans les lettres de convocation pour les états de 1316, le Roi mande aux communes : « Ayez » à nommer des députés qui apportent avec eux » suffisant pouvoir de vous, pour quoi ce qui » serait fait avec eux et les autres bonnes villes » soit ferme et stable pour le profit commun. »

Aux états de 1382, les députés déclarent qu'ils ne pouvaient pas écouter les propositions que le Roi leur faisait, et qu'ils n'avaient droit de rien consentir ; en conséquence, après en avoir référé à leurs commettans, ils se rassemblèrent et refusèrent la demande du Roi. Quelques-uns des députés ayant pris sur eux d'y acquiescer, furent désavoués.

La réunion des vœux des trois ordres était indispensable pour exprimer le vœu national, surtout en finances (1).

Les états-généraux ne pouvaient rien statuer par eux-mêmes; mais aucune loi concernant l'ordre public ne pouvait être rendue sans leur participation. Ils avaient le droit d'inspection sur toutes les parties du gouvernement; leur censure s'exprimait sous le nom de *plaintes* et *doléances*, que leur vote sur l'impôt rendait respectables.

Ce consentement de la représentation nationale pour la confection de toute loi de l'État, est un principe élémentaire du droit français: *placuit nobis et fidelibus nostris;* cette formule ancienne de nos lois est la preuve manifeste du consentement des représentans de la nation.

Un de nos Rois ayant formé un code de droit national, annonce que telles sont les lois que les Français ont jugé à propos de reconnaître, et que les fidèles ont juré d'observer en tout temps. Les lois du seizième siècle, portant le titre et ayant le caractère de lois fondamentales, font mention de ce consentement.

______

(1) États de 1355, et ordonnance de 1560, en matière de finances.

Henri III s'exprime ainsi dans ses lettres-patentes du 18 octobre 1588, données sur le fait de religion :

« Nous..... *de l'avis et consentement de nos*
» *trois ordres rassemblés* et convoqués par notre
» commandement en notre ville de Blois, avons
» statué et ordonné, statuons et ordonnons, et
» nous plaît par ces présentes, signées de notre
» main, que notredit édit d'union, ci-attaché sous
» le contre-scel de notre chancellerie, soit et
» demeure à jamais *loi fondamentale* de ce
» royaume. »

La différence que Montesquieu établit entre la loi politique qui intéresse la totalité de la nation, et la loi civile qui règle le rapport des individus, existait entre la loi fondamentale et l'ordonnance royale.

La première requérait le consentement des états, et non la seconde.

Les états eux-mêmes établissaient ainsi le principe :

« Il y a différence entre les lois du Roi et les
» lois du royaume, d'autant que celles-ci ne peuvent
» être faites, changées ni innovées, qu'en générale
» assemblée de tout le royaume, avec le commun
» accord des gens des trois ordres et de ceux qui
» peuvent avoir voix à icelles. »

Le premier président de Harlay dit au Roi,

dans un lit de justice tenu en 1586 : « Nous
» avons deux sortes de lois : les unes sont les or-
» donnances du royaume, qui sont inviolables,
» et par lesquelles vous êtes monté sur le trône,
» et cette couronne a été conservée par vos pré-
» décesseurs jusqu'à vous..... »

Qui tenait ce langage? Le magistrat vertueux,
intrépide et fidèle, qui, lorsque son Roi était ou-
tragé et fugitif, osa dire au duc de Guise, maître
de la capitale : « Certes, *c'est grande pitié* quand
» le valet chasse le maître. Au reste, mon âme est
» à Dieu, mon cœur est à mon Roi, et mon corps
» est entre les mains des méchans : qu'on en fasse
» ce qu'on voudra. » Montrant ainsi que la fidélité
est incompatible avec la servitude.

Bodin, auteur supérieur à son siècle, l'oracle
des états de Blois, soutient avec tous les publicistes français, que sur l'ordre public en France,
rien ne peut être établi ou innové que par le concours du Roi et de la nation.

La méthode à suivre pour la confection des lois
politiques était de présenter au Roi les cahiers,
qui, obtenant la sanction royale, devenaient lois
rendues par le Roi tenant ses états; lois stables,
permanentes et irrévocables, à moins d'être échan-
gées en pareille forme avec la convention des états.

C'est ainsi qu'on voit les grandes ordonnances
de nos Rois statuant sur l'ordre public, la religion,

la constitution des états-généraux, les droits res-
pectifs des ordres, les droits de chacun d'eux, les
finances et le domaine (cet objet important),
données après les assemblées de la nation, en conformité de leurs vœux.

Le chancelier de L'Hospital, qui connaissait
l'autorité de la loi, l'aimait et la respectait, n'a
pas agi autrement en fondant celles qui immor-
talisèrent son administration. Chacun de leurs articles était soumis à la discussion, comme s'il eût
été question d'un jugement.

Le consentement de l'impôt par les états était
indispensable. Ce *droit, fondé*, dit un publiciste,
sur la naturelle franchise de France, fut res-
pecté par les premiers Rois de la troisième race.

« Avant le règne de Hugues Capet et de ses suc-
» cesseurs Rois, a été aussi maintenue l'honnêteté
» et ancienne liberté du peuple, et ce qu'il n'était
» loisible au Roi d'imposer aides, tailles et subsi-
» des, outre les anciens devoirs domaniaux, sans
» le consentement et accordance dudit peuple. »
(Coquille.)

Philippe IV, fondateur des états-généraux, déclare qu'il ne tient les impôts qu'il lève que de la
pure grâce du peuple (1).

---

(1) « Faisons savoir, et reconnaissons que la dernière sub-

Louis X et son fils ayant fait percevoir une contribution sans le consentement de la nation, lui donnent la déclaration qu'elle demandait, que cette levée d'argent était irrégulière, et que semblable entreprise n'aura pas lieu à l'avenir.

L'ordonnance de mai 1315 porte : « A la requête » des nobles et autres gens de notre royaume, » disons icelle subvention être levée non-due- » ment.... Voulons encore que, pour cause de la » dite subvention levée, nul nouveau droit ne » nous soit acquis pour le temps à venir, et nul » préjudice aux gens de notre royaume. »

Charles V, régent, déclare pour le Roi son père et pour lui, ainsi que pour tous ses successeurs, que l'aide qu'il obtient de la nation est un pur don. (Ordonnance pendant la prison du roi Jean.)

Le même Roi ayant, pour les besoins pressans de l'État, établi quelques impôts sans le concours des états, les supprime et reconnaît le droit de la nation. Un conseiller d'état disait que nul prince au monde n'avait moins que le Roi de France le motif d'user de violence pour obtenir des impôts, d'autant *qu'il a des sujets si bons et si loyaux, qui ne refusent chose qu'il leur sache demander.*

» vention que les peuples nous ont faite, ils l'ont faite de pure
» grâce, et sans qu'ils y fussent tenus qu'en grâce.

Les états de Tours, en 1488, en faisant une concession au Roi, réclament ainsi les libertés de l'État, et exigent qu'à l'avenir nulle levée d'impôt n'ait lieu sans leur consentement, et que le passé soit réparé; « qu'ils n'entendent point que doré-
» navant on mette sur aucune somme en deniers,
» sans les appeler, et que ce soit de leur vouloir
» et consentement et garantie, en observant les
» libertés et priviléges du royaume, et que les
» nouvelles grièves et mauvaises introductions que
» par ci-devant, puis certain temps, en ont été
» faites, soient réparées. »

Les états avaient aussi le droit de refuser les emprunts, même les aliénations du domaine. Ils refusèrent à Henri III d'aliéner les domaines pour une somme de 400,000 livres.

DU ROI.

Autorité de la Couronne.

Si l'assemblée de la nation est une partie essentielle de la constitution de l'État, le monarque en est la base fondamentale : il ne peut cesser d'exister un seul moment sans péril pour le corps politique, le souverain étant tout à la fois partie intégrante de l'autorité législative, et principe unique d'action que doit avoir l'État : ce qui a fait proclamer comme axiome politique ce principe de notre droit : *le Roi ne meurt pas en France;* l'individu suit la loi commune, mais l'être politique est toujours le même.

A la mort de Philippe-le-Long, la couronne resta en suspens pendant la grossesse de la reine-veuve. Ce genre de suspension, loin d'être une infraction à la vacation de la couronne, est une reconnaissance du principe.

Le Français est soumis au Roi, comme sujet; le Roi est le sujet des lois. La prééminence de la royauté se manifeste par le serment de fidélité aux lois (1).

Le Roi est majeur à treize ans.

La régence n'exerce de puissance qu'au nom du Roi.

Les biens appartenant au Roi sont réunis au domaine de la couronne, lors de son avènement au trône.

Les biens que le Roi acquiert y sont de même réunis à la même époque, à moins qu'il ne déclare,

---

(1) Louis XVIII n'ayant pu faire ce serment en présence des autels et de la nation, a, par son manifeste de juillet 1795, contracté, au nom de l'honneur français, l'obligation de respecter la constitution de l'État, seule loi que le souverain puisse et doive reconnaître.

dans un délai voulu, qu'il les possède à titre particulier et patrimonial.

Le Roi peut composer et changer son conseil à son gré ; mais aucun acte authentique de sa puissance n'est officiel qu'il n'ait exprimé la part que son conseil y a prise. La nation exige cette garantie de la sagesse de ses décisions.

Le Roi seul est législateur dans ce sens, que la loi ne peut exister que par le Roi ; non que le Roi puisse, de sa seule autorité, donner des lois qui règlent la destinée de l'État. On sait combien le concours de la nation est indispensable, mais parce que la loi émanant du Roi, n'est loi que par sa sanction. Ce pouvoir législatif, le Roi l'a toujours exercé en présence de la nation assemblée, et de son aveu : nul que lui ne l'a exercé.

L'adage *si veut le Roi, si veut la loi,* proclame que la loi est le vouloir du Roi, mais non que tout vouloir du Roi soit loi. Il serait contraire à ce principe de notre droit : *Lex fit consensu populi et constitutione Regis.*

Ainsi, trois points fixent le droit sur cet objet:

Le Roi seul peut proposer la loi ;

Il ne peut la donner sans le consentement de la nation ;

Il ne peut être forcé de la donner.

Le Roi et les corps représentant la nation, voilà les élémens de l'État en France. Toute loi à faire ou à révoquer, ne peut être faite et révoquée que par leur concours.

Le domaine de la couronne est inaliénable par sa nature. Jadis il fallait un cas de crise ou des causes extraordinaires pour violer ce principe.

Nul impôt ou contribution ne peut être levé sans le consentement des états et du Roi réciproquement.

Administration.

Le Roi est chef du pouvoir exécutif.

Ce pouvoir a deux objets : l'un intérieur, l'autre extérieur.

Administration intérieure.

Dans l'intérieur, il se subdivise en deux pouvoirs : le pouvoir judiciaire, le pouvoir administratif.

Le pouvoir judiciaire s'exerce au nom du Roi. Les jugemens sont rendus par des cours de justice instituées par lui en son nom, et scellés de son sceau. Les mandemens de justice sont faits en son nom.

L'état des tribunaux est fixé; il ne peut être supprimé. Les juges sont institués d'office. L'irrévocabilité, loin d'être un privilége, est une garantie de l'indépendance du magistrat, conforme aux libertés nationales.

L'ordre des juridictions ne peut être interverti. Le magistrat ne peut obtempérer aux ordres du Roi quand ils sont contraires aux lois.

Le Roi peut casser un jugement contraire aux lois; il ne peut le remplacer par un autre : il faut qu'il renvoie l'affaire à une autre cour de justice.

Nulle contrainte sur la volonté du citoyen ne peut avoir lieu qu'en vertu d'un jugement rendu conformément aux lois, par juges compétens, et exécuté par des officiers ministériels de la justice.

Nos Rois ont reconnu illégitime tout usage de puissance extrajudiciaire.

Le Roi a droit de faire grâce; mais la loi limite ce droit. La vérification de la nature du délit est un second jugement qui donne à la grâce un caractère de justice.

« Le Roi, dit Beaumanoir, a, de son droit, la » générale garde de son royaume..... Il est tenu à » garder et faire garder ses lois et coutumes. »

L'office du magistrat étant irrévocable, la magistrature française, comme corps politique, et appréciée sans préjugé favorable ou contraire, est un état qui se trouve entre « la grande no- » blesse et le peuple; qui, sans avoir le brillant » de celle-là, en a tous les priviléges; état qui » laisse les particuliers dans la médiocrité, tandis

» que le corps, dépositaire des lois, est dans la
» gloire; état encore dans lequel on n'a de moyen
» de se distinguer que par la suffisance de la
» vertu; état, enfin, l'unique en Europe, dans le-
» quel on sacrifie une partie de sa fortune pour
» acquérir le droit de veiller nuit et jour pour le
» bonheur de l'empire, et ne retrouver, après le
» travail, que le travail. Chaque état a son lot ;
» celui de la magistrature est le respect et la con-
» sidération. » (Montesquieu.)

Administration.

L'office ou commission attachée à l'administration est révocable, l'emploi ne tenant absolument qu'à l'exécution.

Le Roi nomme aux offices, places ou dignités ecclésiastiques, en se conformant aux lois et ordonnances en vigueur, qu'il ne dépend pas de lui de révoquer.

Le Roi crée des offices, mais il ne peut en créer qui dépouillent un titulaire de ses fonctions; il peut donner des survivances, mais du consentement du titulaire.

L'autorisation du Roi est nécessaire à toute création de corps politique, ou *formation d'agrégations.* Ces corps ne peuvent acquérir, vendre ou emprunter sans sa permission.

Le Roi règle les mesures et poids admis dans le commerce.

La monnaie est frappée à son coin ; il en fixe le titre, le poids et la valeur.

Le Roi donne les ordres nécessaires pour assurer la sûreté, la subsistance, l'instruction publique, et pour tous les besoins du corps politique.

Finances de l'État.

Le pouvoir exécutif, sous le rapport des finances, a trois objets :

1° La répartition de l'impôt;

2° Le recouvrement de l'impôt;

3° L'emploi de ses produits.

La concession et l'assiette de l'impôt sont du ressort du pouvoir législatif.

Les quatre principaux genres d'impôts sont :

« 1° Impôt sur les personnes. — Capitation.

» 2° Sur les fonds. — Taille, vingtième, dons » gratuits des corps.

» 3° Sur les valeurs mobilières. — Droits de » gabelle, aides, octrois, postes et monnaies.

» 4° Sur les transactions. — Enregistrement, » droit de procédure, d'offices et de maîtrises. »

La capitation est une suite de l'impôt réel, en proportion du revenu. La répartition en était faite par un commissaire du Roi.

Le tarif des droits était annexé au titre de leur création, faisant partie de la concession de l'impôt et de son assiette.

Il en était de même des taxes.

Le Roi répartissait dans son conseil les impositions territoriales entre les provinces, et même leurs subdivisions principales. Des commissaires du Roi établissaient la répartition entre les subdivisions les plus détaillées, jusqu'à ce que la subdivision parvînt à un corps politique qui, offrant une solidarité, permettait qu'on lui en confiât la répartition, sans en compromettre le produit.

C'est pour cette raison que la répartition de la taille se faisait par les communes, et que la taxe du vingtième était fixée par le commissaire du Roi.

Les pays d'états répartissaient les impôts eux-mêmes, au moyen de répartiteurs élus. Ce droit appartenait à la nation, qui pouvait le réclamer.

La partie contentieuse des droits du fisc était soumise aux tribunaux, et jugée par le droit commun à tous les citoyens.

Administration extérieure.

La puissance royale à l'extérieur était sans réserve et sans bornes.

Le Roi réglait les intérêts de la nation avec les puissances étrangères; contractait des alliances;

réglait les rapports des Français avec les étrangers; donnait des instructions à ses ambasssadeurs; les nommait et les révoquait; lui seul décidait de la paix ou de la guerre.

Le Roi fixait le montant de la force publique; levait des troupes, mais en raison de ses moyens, seule limite qui lui fût tracée.

L'organisation de l'armée, sa direction, dépendaient du Roi; mais les gens de guerre ne pouvaient être employés à l'intérieur que pour s'opposer aux troubles, à la violence, et soutenir l'exécution des mandats de la justice.

Telle est l'analyse de notre droit public, de notre ancienne constitution, sur laquelle reposaient les destinées de la nation. L'ensemble de ces lois fondamentales, en nous montrant la division des pouvoirs, leurs limites, conformément à l'intérèt public, nous offrait les moyens de faire disparaître les abus inséparables de toute institution humaine.

En pensant que cette organisation sociale date du quatorzième siècle, époque à laquelle aucune nation ne jouissait de la plénitude de ses droits, une juste fierté nationale vient provoquer un sentiment de reconnaissance envers la couronne à qui la France a dû cette organisation tutélaire.

L'immortel auteur de la Charte s'exprime ainsi :
« Nous avons cherché les principes de la Charte

» constitutionnelle dans le caractère français, et
» dans les monumens vénérables des siècles passés,
» voulant renouer la chaîne des temps que de
» funestes écarts avaient interrompue (1).

---

(1) Préambule de la Charte.

CHAPITRE III.

Préambule et texte de la Charte.

LE préambule de la Charte fait assez connaître l'intention de son auguste auteur ; interrogeons l'esprit qui l'a dicté :

« Louis, par la grâce de Dieu, Roi de France » et de Navarre,

» A tous ceux qui ces présentes verront, salut :

» La divine Providence, en nous rappelant » dans nos États, après une longue absence, nous » a imposé de grandes obligations. »

D'accord avec la pensée du respectable abbé Barruel, qui définissait ainsi la royauté : *rien autre chose qu'un devoir, d'où il résulte un droit* (1), le législateur Roi de France et de Navarre par la grâce de Dieu, fait connaître ses devoirs inséparables de ses droits.

-----

(1) « *Le devoir* est de gouverner une nation et de la con-» duire à sa plus grande prospérité possible, dit l'auteur de » la Charte selon la *monarchie. Le droit* est de se faire obéir » dans tout ce qui peut tendre à ce but. »

« La paix était le premier besoin de nos sujets,
» nous nous en sommes occupés sans relâche, et
» cette paix , si nécessaire à la France comme au
» reste de l'Europe, est signée. »

Ce bienfait, réclamé par l'humanité, est proclamé le premier devoir de la souveraineté; le
second est plus particulier au pays.

« Une Charte constitutionnelle était sollicitée
» par l'état actuel du royaume; nous l'avons pro-
» mise et nous la publions. »

Le pouvoir absolu avait fait peser sur la France
tout ce que l'arbitraire a de plus odieux; tout
pliait devant la volonté d'un pouvoir usurpé : la
légitimité paraît; elle n'envisage que le besoin de
la nation et y satisfait, mais en se respectant elle-
même, comme on va le voir.

« Nous avons considéré que, bien que l'auto-
» rité tout entière résidât, en France, dans la
» personne du Roi (principe politique reconnu),
» nos prédécesseurs n'avaient point hésité à en
» modifier l'exercice suivant la différence des
» temps; que c'est ainsi que les communes ont
» dû leur affranchissement à Louis-le-Gros, la
» confirmation et l'extension de leurs droits à
» Saint-Louis et à Philippe-le-Bel; que l'ordre
» judiciaire a été développé par les lois de
» Louis XI, de Henri II et de Charles IX; enfin
» que Louis XIV a réglé presque toutes les par-

» ties de l'administration publique par diffé-
» rentes ordonnances dont rien encore n'avait
» surpassé la sagesse. »

On voit avec quel soin le législateur, en reconnaissant la souveraineté qui lui appartient, hypo-
thèque, pour ainsi dire, sur une suite de services
rendus à la nation par ses prédécesseurs, le
bienfait immense qu'il médite.

« Nous avons dû, continue-t-il, à l'exemple
» des Rois nos prédécesseurs, apprécier les effets
» des progrès toujours croissans des lumières, les
» rapports nouveaux que ces progrès ont introduits
» dans la société, la direction imprimée aux esprits
» depuis un demi-siècle, et les graves altérations
» qui en sont résultées. »

Le Roi ne pouvait être étranger au mouvement
du siècle : il *n'avait rien oublié;* mais il avait
puisé d'utiles leçons dans les malheurs publics,
auxquels il s'était associé comme père de ses
sujets.

« Nous avons reconnu que le vœu de nos
» sujets pour une Charte constitutionnelle était
» l'expression d'un besoin réel; mais en cédant
» à ce vœu, nous avons pris toutes les précautions
» pour que cette Charte fût digne de nous et du
» peuple auquel nous sommes fiers de comman-
» der. Des hommes sages, pris dans les premiers
» corps de l'Etat, se sont réunis à des commis-

» saires de notre Conseil, pour travailler à cet
» important ouvrage. »

Quelle noble simplicité dans ces expressions du
pouvoir royal, qui reconnaît les besoins du pays,
sans compromettre la dignité de la couronne!

« En même temps que nous reconnaissions
» qu'une constitution libre et monarchique de-
» vait remplir l'attente de l'Europe éclairée,
» nous avons dû nous souvenir aussi que notre
» premier devoir envers nos peuples était de con-
» server, pour leur propre intérêt, les droits et
» les prérogatives de notre couronne. »

C'est une constitution *libre et monarchique*
que l'auguste législateur annonce, parce qu'il
considère comme le premier de ses devoirs de
conserver intacts *les droits et les prérogatives
de la couronne.*

« Nous avons espéré qu'instruits par l'expé-
» rience, ils seraient convaincus que l'autorité
» suprême peut seule donner aux institutions
» qu'elle établit, la force, la permanence et la
» majesté dont elle est elle-même revêtue ;
» qu'ainsi, lorsque la sagesse des Rois s'accorde
» librement avec le vœu des peuples, une Charte
» constitutionnelle peut être de longue durée ;
» mais que, quand la violence arrache des con-
» cessions à la faiblesse du Gouvernement, la li-

» berté publique n'est pas moins en danger que
» le trône même. »

Cet hommage à la souveraineté, que l'expérience de la France justifie par une suite de changemens appelés constitutions depuis la chute du trône, jusqu'à l'époque de la restauration du pouvoir légitime, montre que l'intérêt bien entendu des peuples commande le respect à l'autorité.

« Nous avons enfin cherché les principes de la
» Charte constitutionnelle dans le caractère fran-
» çais , et dans les monumens vénérables des
» siècles passés. »

Qui douterait maintenant que l'esprit de cette Charte doit être monarchique ?

« Ainsi nous avons vu dans le renouvellement
» de la pairie une institution vraiment nationale, et
» qui doit lier tous les souvenirs à toutes les espé-
» rances, en réunissant les temps anciens et les
» temps modernes. »

L'institution de la pairie est donc monarchique, ou elle ne répond pas aux vues de celui qui l'a rétablie.

« Nous avons remplacé par la chambre des
» députés ces anciennes assemblées des champs-
» de-mars et de mai, et ces chambres du tiers-
» état, qui ont si souvent donné tout à la fois des
» preuves de zèle pour les intérêts du peuple, de
» fidélité et de respect pour l'autorité des Rois. »

Le législateur voit l'alliance de la défense des intérêts nationaux avec la fidélité et le respect dû à la couronne, parce qu'il ne sépare pas le trône de la patrie, dont il est la sauve-garde. Ces sentimens paternels se reproduisent plus loin.

« En cherchant ainsi à renouer la chaîne des
» temps, que de funestes écarts avaient inter-
» rompue, nous avons effacé de notre souvenir,
» comme nous voudrions qu'on pût l'effacer de
» l'histoire, tous les maux qui ont affligé la patrie
» durant notre absence. Heureux de nous retrou-
» ver au sein de la grande famille, nous n'avons
» su répondre à l'amour dont nous recevons tant
» de témoignages, qu'en prononçant des paroles
» de paix et de consolation. Le vœu le plus cher
» à notre cœur, c'est que tous les Français vivent
» en frères, et que jamais aucun souvenir amer
» ne trouble la sécurité qui doit suivre l'acte so-
» lennel que nous leur *accordons* aujourd'hui. »

Si le monarque oublie les erreurs et jette un voile impénétrable sur les maux affreux qui en ont été la suite, il fait sentir qu'il *accorde*, par cela même qu'il pouvait refuser. Celui qui répondit, le 26 février 1803, à l'envoyé de Buonaparte :
« S'il croit m'engager à transiger sur mes droits,
» loin de là, il les établirait lui-même, s'ils pou-
» vaient être litigieux, par la démarche qu'il fait
» en ce moment.... Fils de Saint-Louis, je saurai,

» à son exemple, me respecter jusque dans les
» fers ; successeur de François Ier, je veux pouvoir
» dire comme lui : « Nous avons tout perdu, fors
» l'honneur. »

Celui-là, dis-je, remonté sur le trône, ne pouvait transiger sur ses droits indestructibles, inhérens à sa couronne. Succédant au pouvoir le plus absolu, auquel la nation était pour ainsi dire acclimatée, comment comparer sa position avec celle de Jean-sans-Terre, à qui les barons anglais imposèrent la grande charte, l'an 1215 ?

Ici l'amour seul du monarque pour la nation lui inspire le desir de signaler la restauration par un bienfait immense, consacrant les grands principes de la civilisation, premier besoin des peuples.

« Sûr de nos intentions, fort de notre cons-
» cience, nous nous engageons, devant l'assem-
» blée qui nous écoute, à être fidèles à cette
» Charte constitutionnelle, nous réservant d'en
» jurer le maintien, avec une nouvelle solennité,
» devant les autels de celui qui pèse dans la même
» balance les Rois et les nations. »

Le souverain prend à témoin de la pureté de ses intentions celui dont il tient l'autorité suprême.

« A ces causes,

« *Nous avons* volontairement, et par le libre
» exercice de notre autorité royale, *accordé et*

» *accordons, fait concession et octroi* à nos
» sujets, tant pour nous que pour nos succes-
» seurs, et à toujours, de la Charte constitution-
» nelle qui suit. »

Est-il une preuve plus manifeste de *la libre
concession de la Charte par l'autorité royale,*
et par conséquent de l'esprit monarchique qui
l'a inspirée et dictée?

Hommes de toutes les opinions, qui jouissez du
bienfait du législateur, reconnaissez en lui le père
de la grande nation (1), puisant dans l'esprit de
la monarchie et le sentiment de ses devoirs, les
moyens de rendre la France au bonheur et à la
gloire.

Cette Charte, nous la présentons article par
article; elle justifiera ce que le préambule nous
a annoncé.

---

(1) « Le sort des armes, écrivait, en 1812, le Roi de France,
» à l'empereur de Russie, a fait tomber entre les mains de
» V. M. plus de cent cinquante mille prisonniers. Ils sont la
» plus grande partie Français; peu importe sous quels dra-
» peaux ils ont servi, ils sont malheureux! Je ne vois parmi
» eux que mes enfans. Je les recommande à la bonté de V. M.
» Qu'elle daigne considérer combien un grand nombre d'entre
» eux ont déjà souffert, et adoucir la rigueur de leur sort.
» Puissent-ils apprendre que leur vainqueur est l'ami de leur
» père!... V. M. ne peut pas me donner une preuve plus tou-
» chante de ses sentimens pour moi. »

Considérée comme loi fondamentale, on peut envisager la Charte sous deux points de vue :

Le premier, où l'on trouve les bases du gouvernement constitutionnel, que nous appellerons la partie organique, ou articles fondamentaux;

Le second, où l'on en tire les conséquences, qui seront la partie réglementaire.

Ainsi, sous le titre de :

Droit public des Français.

« Art. 1er (fondamental). Les Français sont » égaux devant la loi, quels que soient d'ailleurs » leurs titres et leurs rangs.

» Art. 2 (fondamental). Ils contribuent indis-» tinctement, dans la proportion de leur fortune, » aux charges de l'Etat.

» Art. 3 (fondamental). Ils sont tous égale-» ment admissibles aux emplois civils et militaires.

» Art. 4 (fondamental). Leur liberté indivi-» duelle est également garantie; personne ne » pouvant être poursuivi ni arrêté que dans les » cas prévus par la loi et dans la forme qu'elle » prescrit.

» Art. 5 (fondamental). Chacun professe sa » religion avec une égale liberté, et obtient pour » son culte la même protection.

» Art. 6 (fondamental). Cependant la reli-

» gion catholique, apostolique et romaine, est la
» religion de l'Etat.

» Art. 7 (fondamental). Les ministres de la
» religion catholique, apostolique et romaine, et
» ceux des autres cultes chrétiens, reçoivent seuls
» des traitemens du trésor royal.

» Art. 8 (fondamental). Les Français ont le
» droit de publier et de faire imprimer leurs opi-
» nions, en se conformant aux lois qui doivent
» réprimer les abus de cette liberté.

» Art. 9 (fondamental). Toutes les propriétés
» sont inviolables, sans aucune exception de celles
» qu'on appelle *nationales*, la loi ne mettant
» aucune différence entre elles.

» Art. 10 (fondamental). L'Etat peut exiger
» le sacrifice d'une propriété, pour cause d'inté-
» rêt public légalement constaté, mais avec une
» indemnité préalable.

» Art. 11 (fondamental). Toutes recherches
» des opinions et votes émis jusqu'à la restaura-
» tion sont interdites. Le même oubli est com-
» mandé aux tribunaux et citoyens.

» Art. 12 (fondamental). La conscription est
» abolie. Le mode de recrutement de l'armée de
» terre et de mer est déterminé par une loi. »

« La justice, après une révolution, est l'*arc-
» en-ciel* après l'orage. » Cette pensée, de l'auteur
de *la Législation primitive*, vient à celui qui a

étudié la loi fondamentale d'où nous voyons dé-
couler :

« Égalité devant la loi; » principe sacré pour
» tous les peuples;

» Égalité proportionnelle des charges;

» Égalité de droits aux emplois civils et mili-
» taires;

» Liberté individuelle;

» Liberté de conscience, » mais en reconnaissant la religion de l'État, qui est celle du plus
grand nombre;

« Liberté de la presse, » placée sous l'égide
impartiale des lois;

« Inviolabilité de la propriété, » en harmonie
avec les droits de la société;

« Oubli des erreurs et des torts;

» Abolition de la conscription, » ou plutôt égale
répartition de cette charge générale, qu'une loi
de l'Etat réglera :

Tels sont les bienfaits du Roi, fondés sur cet
esprit de justice et de haute sagesse qui les a ins-
pirés.

D'accord avec notre ancienne constitution, le
législateur n'a eu qu'à la traduire dans le style
du temps : ce qu'il avait promis en 1795, il le
tient en 1814. Offrir le tableau des libertés et
franchises dont se compose notre droit public,
vaut beaucoup mieux que de les commenter.

Le second titre de la Charte est intitulé :

Formes du gouvernement du Roi.

« Art. 13 (fondamental). La personne du
» Roi est inviolable et sacrée; ses ministres sont
» responsables. Au Roi seul appartient la puis-
» sance exécutive. »

Inviolabilité du Roi, responsabilité des ministres, termes synonymes; l'un étant la conséquence de l'autre, pour le bonheur et la sécurité
de la nation. « *The king can not do wrong ;*
» le Roi ne peut faire mal, » dit la constitution
anglaise. Otez la responsabilité ministérielle, et
l'infaillibilité de la couronne disparaît.

« Art. 14 (fondamental). Le Roi est le chef
» suprême de l'Etat, commande les forces de terre
» et de mer, fait les traités de paix, d'alliance et
» de commerce, nomme à tous les emplois d'ad-
» ministration publique, et fait les réglemens et
» ordonnances nécessaires pour l'exécution des
» lois et la sûreté de l'Etat. »

Sans *unité*, point d'exécution : le Roi est cette
unité. Sans elle, point d'ensemble dans l'administration; de là point de force. Comme Roi, il représente la nation dans ses rapports à l'extérieur;
comme Roi, il fait exécuter les lois; comme Roi,
il nomme à tous les emplois; il préside à tous les

réglemens et ordonnances qui ne sont que l'application de la législation. L'ordre public et la sûreté de l'État réclament du Roi sa participation immédiate, au moyen d'une administration qui offre la responsabilité de ses membres pour garant de ses actes.

Qui niera encore que la Charte est monarchique dans ses dispositions et nationale par ses bienfaits, sera convaincu, en lisant l'article 15, ainsi conçu :

« Article 15 (fondamental). La puissance lé» gislative s'exerce collectivement par le Roi, la
» chambre des pairs et la chambre des députés
» des départemens. »

Écoutons Henri-le-Grand au parlement de Rouen, devant les notables du royaume :

« Si je me faisais gloire, dit-il, de passer pour
» un excellent orateur, j'aurais apporté ici plus de
» belles paroles que de bonne volonté; mais mon
» ambition tend à quelque chose de plus haut que
» de bien parler. J'aspire au glorieux titre de libé» rateur et de restaurateur du royaume.

» Déjà, par la faveur céleste, par les conseils de
» mes fidèles serviteurs, et par l'épée de ma bonne
» noblesse, dont je ne distingue pas les princes,
» pour être notre plus beau titre, foi de gentil» homme! par mes peines et par mes labeurs, je
» l'ai sauvé de perte, sauvons-le maintenant de

» ruine. Participez, mes sujets, à cette seconde
» gloire avec moi, comme vous avez fait à la pre-
» mière. Je ne vous ai point fait appeler, comme
» faisaient mes prédécesseurs, pour vous faire ap-
» prouver mes volontés; je vous ai fait assembler
» pour recevoir vos conseils, pour les croire, pour
» les suivre, bref, pour me mettre en tutelle entre
» vos mains : envie qui ne prend guère aux Rois à
» barbe grise et aux victorieux. Mais la violente
» amour que je porte à mes sujets, l'extrême desir
» que j'ai d'ajouter deux beaux titres à celui de
» Roi, me font trouver tout aisé et honorable.
» Mon chancelier vous fera entendre plus ample-
» ment mes volontés. »

Comme Henri IV, et par des moyens différens,
son petit-fils venait de libérer son royaume des
calamités de l'invasion qu'avait attirées un pouvoir
usurpé; comme lui, il le *sauvait de perte,* et visait à le *sauver de ruine,* en ramenant la paix, la
confiance et le crédit public.

Comment ne pas voir les nobles inspirations du
même sang dans ce discours et dans le préambule
de la Charte?

Par l'article 15, le Roi demande les conseils de
la nation; par les articles 16, 17 et 22, il conserve
*l'autorité suprême, qui peut seule donner aux
institutions qu'elle établit la force, la perma-*

nence et la majesté dont elle est elle-même re-
vêtue (1). En effet,

« Article 16 (fondamental). Le Roi propose la
loi. »

» Article 17. La proposition de la loi est portée,
» au gré du Roi, à la chambre des pairs ou à celle
» des députés, excepté la loi de l'impôt, qui doit
» être adressée d'abord à la chambre des députés.

» Article 22 (fondamental). Le Roi seul sanc-
» tionne la loi. »

N'est-ce pas dans ce sens que le vainqueur d'I-
vry et de Paris entendait la tutelle, en chargeant
son chancelier de faire entendre sa volonté (2)?

« Article 18 (fondamental). Toute loi doit être
» discutée et votée librement par la majorité de
» chacune des deux chambres.

» Article 19 (fondamental). Les chambres ont
» la faculté de supplier le Roi de proposer une loi
» sur quelque objet que ce soit, et d'indiquer ce
» qui leur paraît convenable que la loi contienne.

» Article 20 (fondamental). Cette demande
» pourra être faite par chacune des deux cham-
» bres, mais après avoir été discutée en comité

---

(1) Préambule de la Charte.
(2) Gabriel d'Estrées s'étonnait d'entendre Henri parler de
se mettre en tutelle. « *Ventre-saint-gris !* dit Henri, *mais je*
» *l'entends mon épée au côté.* »

» secret; elle ne sera envoyée à l'autre chambre,
» par celle qui l'aura proposée, qu'après un délai
» de dix jours.

» Article 21 (fondamental). Si la proposition
» est adoptée par l'autre chambre, elle sera mise
» sous les yeux du Roi; si elle est rejetée, elle ne
» pourra être représentée dans la même session. »

L'indépendance dans la discussion et l'émission
du vote dans les deux chambres, sont une précau-
tion exigée par la prudence, pour la maturité qui
convient aux lois : c'est toujours le langage du
Béarnais, traduit dans celui de notre époque.

Le Roi veut être éclairé; mais il ne cède pas
son droit de souveraineté; *seul il sanctionne la
loi qu'il a proposée.*

» Article 23 (réglementaire). La liste civile est
» fixée, pour toute la durée du règne, par la pre-
» mière législature assemblée depuis l'avènement
» du Roi. »

On conçoit la nécessité de cet article, que ré-
clamait la dignité de la couronne.

CHAMBRE DES PAIRS.

« Article 24 (fondamental). La chambre des
» pairs est une portion essentielle de la puissance
» législative.

» Article 25 (fondamental). Elle est convoquée

» par le Roi en même temps que la chambre des
» députés des départemens; la session de l'une
» commence et finit en même temps que celle de
» l'autre.

» Article 26 (fondamental). Toute assemblée
» de la chambre des pairs qui serait hors du temps
» de la session de la chambre des députés, ou qui
» ne serait pas ordonnée par le Roi, est illicite et
» nulle de plein droit.

» Article 27 (fondamental). La nomination des
» pairs de France appartient au Roi; leur nombre
» est illimité; il peut en varier les dignités, les
» nommer à vie ou les rendre héréditaires, selon
» sa volonté.

» Article 28 (fondamental). Les pairs ont en-
» trée dans la chambre à vingt-cinq ans, et voix
» délibérative à trente ans seulement.

» Article 29 (fondamental). La chambre des
» pairs est présidée par le chancelier de France,
» et, en son absence, par un pair nommé par le
» Roi.

» Article 30 (fondamental). Les membres de
» la Famille royale et les Princes du sang sont
» pairs par le droit de leur naissance. Ils siégent
» immédiatement après le président; mais ils n'ont
» voix délibérative qu'à vingt-cinq ans.

» Article 31 (fondamental). Les Princes ne
» peuvent prendre séance à la chambre que par

» ordre du Roi, exprimé pour chaque session par
» un message, à peine de nullité de tout ce qui
» aura été fait en leur présence.

» Article 32 (réglementaire). Toutes les déli-
» bérations de la chambre des pairs sont secrètes.

» Article 33 (fondamental). La chambre des
» pairs connaît des crimes de haute-trahison et
» des attentats à la sûreté de l'État, qui seront dé-
» finis par la loi.

» Article 34 (fondamental). Aucun pair ne peut
» être arrêté que de l'autorité de la chambre, et
» jugé que par elle en matière criminelle. »

Contrepoids nécessaire de la chambre des députés, l'aristocratie de la pairie devait être assu-
jétie à des conditions qui fixassent sa position envers la couronne, avec qui elle partage l'hérédité,
et dont elle est l'appui naturel.

De même le maintien de l'ordre politique exigeait que les membres de la Famille royale et les
Princes du sang ne figurassent à la chambre des
pairs qu'en vertu d'un ordre du Roi.

Le privilége consacré par l'article 34 n'est que
l'application de ce principe de droit politique :
Nul ne doit être jugé que par ses pairs.

On voit que tout est monarchique dans les dispositions de ce titre, puisqu'il assure à cette institution l'esprit conservateur des doctrines qui lui
sont propres.

De la Chambre des Députés des départemens.

« Article 35 (fondamental). La chambre des
» députés sera composée des députés élus par les
» colléges électoraux, dont l'organisation sera dé-
» terminée par les lois.

» Article 36 (fondamental). Chaque département aura le même nombre de députés qu'il a eu
» jusqu'à présent.

» Art. 37 (réglementaire). Les députés seront
» élus pour cinq ans, et de manière que la chambre
» soit renouvelée, chaque année, par cinquième.

» Art. 38 (réglementaire). Aucun député ne,
» peut être admis dans la chambre s'il n'est âgé de
» quarante ans, et s'il ne paye une contribution
» directe de mille francs.

» Art. 39 (réglementaire). Si néanmoins il ne
» se trouvait pas dans le département cinquante
» personnes de l'âge indiqué, payant au moins
» mille francs de contributions directes, leur
» nombre sera complété par les plus imposés au-
» dessous de mille francs, et ceux-ci pourront être
» élus concurremment avec les premiers.

» Art. 40 (réglementaire). Les électeurs qui
» concourent à la nomination des députés, ne
» peuvent avoir de suffrage s'ils ne payent une
» contribution directe de 300 francs, et s'ils ont
» moins de trente ans.

» Art. 41 (fondamental). Les présidens des
» colléges électoraux seront nommés par le Roi,
» et de droit membres du collége.

» Art. 42 (fondamental). La moitié au moins
» des députés sera choisie par des éligibles qui
» ont leur domicile politique dans le départe-
» ment.

» Art. 43 (fondamental). Le président de la
» chambre des députés est nommé par le Roi,
» sur une liste de cinq membres présentés par la
» chambre.

» Art. 44 (fondamental). Les séances de la
» chambre sont publiques; mais la demande de
» cinq membres suffit pour qu'elle se forme en
» comité secret.

» Art. 45 (fondamental). La chambre se par-
» tage en bureaux pour discuter les projets qui
» lui sont présentés de la part du Roi.

» Art. 46 (fondamental). Aucun amendement
» ne peut être fait à une loi, s'il n'a été proposé
» ou consenti par le Roi, et s'il n'a été renvoyé et
» discuté dans les bureaux.

» Art. 47 (fondamental). La chambre des
» députés reçoit toutes les propositions d'impôts;
» ce n'est qu'après que ces propositions ont été
» admises, qu'elles peuvent être portées à la
» chambre des pairs.

» Art. 48 (fondamental). Aucun impôt ne

5.

» peut être établi ni perçu, s'il n'a été consenti
» par les deux chambres et sanctionné par le Roi.

» Art. 49 (fondamental). L'impôt foncier n'est
» consenti que pour un an. Les impositions indi-
» rectes peuvent l'être pour plusieurs années.

» Art. 50 (fondamental). Le Roi convoque
» chaque année les deux chambres; il les proroge
» et peut dissoudre celle des départemens; mais,
» dans ce cas, il doit en convoquer une nouvelle
» dans le délai de trois mois.

» Art. 51 (fondamental). Aucune contrainte
» par corps ne peut être exercée contre un
» membre de la chambre durant la session, et
» dans les six semaines qui l'auront précédée ou
» suivie.

» Art. 52 (fondamental). Aucun membre de
la chambre ne peut, pendant la durée de la
» session, être poursuivi ni arrêté en matière
» criminelle, sauf le cas de flagrant délit, qu'a-
» près que la chambre a permis sa poursuite.

» Art. 53 (fondamental). Toute pétition à
» l'une ou à l'autre des deux chambres ne peut
» être faite ou présentée que par écrit. La loi in-
» terdit d'en apporter en personne à la barre. »

Envisageons les droits de la couronne et ceux
de la chambre consacrés par les articles qui
composent ce titre.

La nomination du président des colléges électoraux. (Art. 41.)

Du président de la chambre. (Art. 43.)

L'initiative. (Art. 45, 46, 48.)

La convocation des chambres. (Art. 50.)

Tels sont les droits de la couronne.

La priorité pour la discussion de l'impôt. (Article 47.)

Leur discussion. (Art. 48 et 49.)

L'indépendance des députés pendant les ses-
sions. (Art. 51 et 52.)

Voilà les priviléges de la chambre élective.

Les conditions de l'élection et la composition
de la chambre sont déterminées par les articles
35, 36, 37, 38 (1), 39, 40 (1), 41, 42.

De la publicité des débats. (Art. 44.)

De la discussion des bureaux. (Art. 45.)

Le droit de pétition est arrêté par l'article 53.

On remarque ici la grande différence entre
les législations française et anglaise. En France,

----

(1) « On conçoit que les conditions du cens, pour les-
» quelles, dit Blackstone, l'esprit de la loi est d'exclure toute
» personne qui, par son peu de fortune, est censée n'avoir
» pas de volonté à soi, ne peuvent être que réglementaires ;
» la dépréciation successive des valeurs l'exige. Que serait
» maintenant le cens évalué du temps de saint Louis ou de
» Charles VI? »

le Roi conserve l'initiative des lois dans toute l'étendue de l'acception du mot; il propose la loi, la sanctionne, la promulgue. En Angleterre, le Roi reçoit la proposition de la loi, la sanctionne (1), et par cela même la promulgue.

La question de l'initiative royale montre seule la différence, comme principe monarchique, entre la Charte librement octroyée par le souverain à la nation, et une Charte imposée à l'autorité royale.

DES MINISTRES.

« Art. 54 (fondamental). Les ministres peuvent » être membres de la chambre des pairs ou de la » chambre des députés. Ils ont en outre leur

---

(1) « Le bill, devenu, par cette sanction, statut ou acte » du Parlement, est alors placé aux archives, et n'a pas be- » soin de proclamation pour avoir force de loi, chaque An- » glais étant, par le moyen de ses représentans, censé présent » à la formation des lois. Un tel acte enchaîne toute la nation, » le Roi lui-même, s'il y est nommé, et ne peut y être an- » nulé ni changé que par les mêmes pouvoirs, et avec les » mêmes formalités. Ainsi, une loi qu'un seul des trois pou- » voirs eût empêché par sa faculté négative, a besoin, pour être » détruite, du consentement de ces mêmes pouvoirs. » (Constitution de la Grande-Bretagne, par M. Wamostrogt, docteur en droit, pages 59 et 60.)

» entrée dans l'une ou l'autre chambre, et doivent
» être entendus quand ils le demandent. »

La discussion des lois, les explications que
cette discussion entraîne, nécessitent ces dispositions, et la faculté d'être membre des deux
chambres, reconnue aux ministres, est un lien
de plus entre elles et la couronne.

« Art. 55 (fondamental). La chambre des dé-
» putés a le droit d'accuser les ministres, et de
» les traduire devant la chambre des pairs, qui
» seule a celui de les juger. »

La responsabilité ministérielle et la défense des
parties sont consacrées par ces dispositions.

« Art. 56 (fondamental). Ils ne peuvent être
» accusés que pour fait de trahison ou de concus-
» sion. Des lois particulières spécifieront cette
» nature de délit, et en détermineront la pour-
» suite. »

Telles sont les bornes de l'accusation; sans elle
la chambre administrerait par le fait de son pouvoir discrétionnaire.

La législation sur la responsabilité ministérielle
est vivement desirée.

DE L'ORDRE JUDICIAIRE.

« Art. 57 (fondamental). Toute justice émanc

» du Roi. Elle s'administre par des juges qu'il
» nomme et qu'il institue. »

Ce principe de notre ancien droit public ne pouvait échapper à l'auguste législateur, qui a consacré l'indépendance des magistrats par la disposition suivante :

« Art. 58 (fondamental). Les juges nommés
» par le Roi sont inamovibles.

» Art. 59 (réglementaire). Les cours et tribu-
» naux ordinaires, actuellement existans , sont
» maintenus; il n'y sera rien changé qu'en vertu
» d'une loi.

» Art. 60 (fondamental). L'institution actuelle
» des juges de commerce est conservée. »

En agir autrement, c'était compromettre les décisions rendues par ces tribunaux. Qui ne sait que la justice en France ne meurt pas plus que le Roi?

« Art. 61 (fondamental). La justice de paix est
» également conservée. Les juges de paix, quoi-
» que nommés par le Roi, ne sont pas inamo-
» vibles (1).

---

(1) Cette institution devant faire le sujet d'une discussion approfondie, on ne place ici aucun développement. (*Voyez* chap. VIII, page 104.)

» Art. 62 (fondamental). Nul ne pourra être
» distrait de ses juges naturels.

» Art. 63 (fondamental). Il ne pourra en con-
» séquence être créé de commissions et tribu-
» naux extraordinaires. Ne sont pas comprises
» sous cette dénomination les juridictions prévo-
» tales, si leur rétablissement est jugé nécessaire.

» Art. 64 (fondamental). Les débats sont
» publics en matière criminelle, à moins que
» cette publicité ne soit dangereuse pour l'ordre
» et les mœurs, et, dans ce cas, le tribunal le dé-
» clarera par un jugement.

» Art. 65 (fondamental). L'institution des jurés
» est conservée. Les changemens qu'une plus
» longue expérience ferait juger nécessaires, ne
» peuvent être effectués que par une loi.

» Art. 66 (fondamental). La peine de la con-
» fiscation des biens est abolie, et ne pourra être
» rétablie.

» Art. 67 (fondamental). Le Roi a le droit de
» faire grâce et de commuer les peines.

» Art. 68 (fondamental). Le Code civil et les
» lois existantes actuellement, qui ne sont pas con-
» traires à la présente Charte, restent en vigueur
» jusqu'à ce qu'il y soit légalement dérogé. »

L'auguste législateur a placé la défense de l'ac-
cusé à côté de l'indépendance du magistrat ; il a
élargi ce droit de défense, non-seulement par la

publicité des débats et la conservation du jury ; de plus, il a aboli la confiscation, fondé sur le principe que les fautes sont personnelles, en conservant cependant les juridictions prévôtales, comme garantie pour la sûreté de l'Etat ; et c'est après avoir fixé le droit de défense dans sa plus grande latitude, qu'il proclame le droit de grâce, auquel aucun Roi de France ne saurait jamais renoncer.

C'est ainsi qu'un Bourbon sait donner des garanties aux intérêts reconnus, en sanctionnant en vigueur le Code et les lois existantes qui ne sont pas contraires à la Charte.

DROITS PARTICULIERS

GARANTIS PAR L'ÉTAT.

« Art. 69 (fondamental). Les militaires en
» activité de service, les officiers et soldats en
» retraite, les veuves, les officiers et soldats pen-
» sionnés, conserveront leurs grades, honneurs
» et pensions. »

En acceptant la gloire acquise sur le champ de bataille, le souverain a reconnu la dette de l'Etat envers ceux qui l'ont payée de leur sang.

« Art. 70 (fondamental). La dette publique
» est garantie. Toute espèce d'engagement pris
» par l'Etat avec les créanciers est inviolable. »

Voilà la source du crédit français; nous en voyons les résultats.

« Art. 71 (fondamental). La noblesse an-
» cienne reprend ses titres; la nouvelle conserve
» les siens. Le Roi fait des nobles à volonté;
» mais il ne leur accorde que des rangs et des
» honneurs, sans aucune exception des charges
» et des devoirs de la société. »

La *noblesse ne peut être conférée que par le souverain*. Ce principe monarchique a présidé à la rédaction de cet article, après avoir consacré comme dette publique la reconnaissance de deux noblesses, considérées comme récompense de services rendus à l'État : moyen d'émulation avantageux pour la chose publique.

« Art. 72 (fondamental). La Légion-d'Hon-
» neur est maintenue : le Roi déterminera les
» réglemens et la décoration. »

Comme dette de l'honneur, cette institution était nationale : un Bourbon ne pouvait y renoncer. L'effigie d'Henri IV et ces mots : *Honneur et Patrie*, est de sa part un hommage rendu au caractère français.

« Art. 73 (fondamental). Les colonies seront régies par des lois et réglemens particuliers. »

Leur distance de la métropole, leur climat et leurs mœurs, et les intérêts qui en dérivent, nécessitent cette disposition exceptionnelle.

« Art. 74 (fondamental). Le Roi et ses suc-
» cesseurs jureront, dans la solennité de leur
» sacre, d'observer fidèlement la présente Charte
» constitutionnelle (1).

» Nous ordonnons que la présente Charte cons-
» titutionnelle, mise sous les yeux du Sénat et du
» Corps-législatif, conformément à notre pro-
» clamation du 2 mai, sera envoyée incontinent
» à la chambre des pairs et à celle des députés.

» Donné à Paris, le 4 juin, l'an de grâce 1814,
» et de notre règne le dix-neuvième.

» Signé, LOUIS.

» Vu à la Chancellerie de France:
» Signé, DAMBRAY.

» Et plus bas, le ministre secrétaire-d'état:
» Signé, l'Abbé DE MONTESQUIOU. »

Le législateur ne s'est pas contenté de reconnaître et de sanctionner les droits de la nation ; il

---

(1) On passe sous silence ces deux derniers articles tran-
sitoires :

Art. 75. « Les députés des départemens de France qui
» siégeaient au Corps-législatif lors du dernier ajournement,
» continueront de siéger à la chambre des députés jusqu'au
» remplacement. »

Art. 76. « Le premier renouvellement d'un cinquième de
» la chambre des députés aura lieu au plus tard en l'année
» 1816, suivant l'ordre établi entre les séries. »

s'est engagé, pour lui et ses successeurs, de maintenir la Charte qu'il proclame.

Français, qui jouissons du bienfait royal dans toute sa plénitude, reconnaissons que tout ce qui est du domaine de la liberté dans le sens légal, fait partie du droit public que le Roi a reconnu par la Charte.

Hommes monarchiques et constitutionnels, renfermez-vous dans *les formes du gouvernement du Roi;* elles offrent une protection fondée sur l'unité, ce principe de toute administration, et la considération attachée au pouvoir légitime, que l'initiative royale relève encore.

Voyez dans la *chambre des pairs,* organisée d'une manière constitutionnelle, un principe conservateur des droits de la couronne.

Dans la *chambre des députés,* l'organe naturel des besoins et des vœux de la France.

Chez *les ministres,* une influence légale renfermée dans le cercle de leur responsabilité.

Dans *l'ordre judiciaire,* tout ce qui constitue l'indépendance de la magistrature et la latitude de la défense.

Aucun des droits particuliers garantis par l'Etat n'a échappé à l'œuvre royale.

Pénétrés d'une reconnaissance profonde pour ce bienfait du monarque, nous ne le séparerons jamais de son auteur; notre conscience politique nous en fait un devoir, comme de déclarer :

« 1°. Que la Charte existe par le Roi, et non » le Roi par la Charte;

» 2°. Que la plénitude de l'autorité royale est » préexistante à la Charte;

» 3°. Que le Roi était libre de donner la Charte, » ou de ne pas la donner;

» 4°. Que la Charte est une concession volon- » taire faite par le Roi à ses sujets, et non une » condition imposée par les sujets à leur sou- » verain;

» 5°. Que la libre volonté du Roi forme seule » la validité de la Charte, et que toute constitu- » tion proposée par le peuple serait nulle de plein » droit, même avec l'acceptation du Roi, si cette » acceptation n'était pas purement libre et vo- » lontaire;

» 6°. Que le Roi avait le droit de donner la » Charte, et qu'il ne tenait ce droit, inhérent à » la souveraineté, que de Dieu et de ses an- » cêtres (1);

(1) Ces six paragraphes appartiennent à *la Charte selon la Monarchie*, qu'a publiée, en 1823, M. le marquis de Préaulx, que son caractère, ses connaissances et sa position sociale, semblent désigner à la pairie. Ayant puisé ensemble les mêmes principes religieux et monarchiques, je me plais à rendre ce témoignage à un ancien camarade et ami.

» 7°. Que le desir de mettre en harmonie notre
» législation avec elle (1), solennellement pro-
» noncé à l'ouverture de la session de 1828, ré-
» pond à la soif de légalité et de justice adminis-
» trative qu'éprouve la France (2). »

-----

(1) Paroles de Charles X.
(2) Paroles de M. Casimir Périer.

CHAPITRE IV.

Analogies entre les dispositions de la Charte et l'ancienne
Constitution française.

« Nous avons enfin cherché les principes de
» la Charte constitutionnelle dans le caractère
» français, et dans les monumens vénérables des
» siècles passés. » (*Préambule de la Charte.*)

Louis XVIII, dans sa proclamation du mois de
juillet 1795, s'exprime ainsi :

« Il faut rétablir ce gouvernement qui fut pen-
» dant quatorze siècles la gloire de la France et
» les délices des Français, qui avait fait de notre
» patrie le plus florissant des États, et de vous-
» mêmes le plus heureux des peuples : nous vou-
» lons vous le rendre. »

Et plus bas :

« Ne croyez pas ces hommes avides et ambi-
» tieux qui, pour envahir à la fois et vos fortunes
» et la toute-puissance, vous ont dit que la France
» n'avait pas de constitution, ou que la constitu-
» tion du moins nous livrait au despotisme. Elle
» existe aussi ancienne que la monarchie de
» *France;* elle est le fruit du génie, le chef-

» d'œuvre de la sagesse et le résultat de l'expé-
» rience. »

Le Roi de France a annoncé solennellement qu'il voulait nous rendre le gouvernement de nos pères; en nous octroyant la Charte, il a rempli ses promesses royales; il a mesuré le bienfait à nos besoins, eu égard aux progrès de la civilisation. Le parallèle suivant va le démontrer.

L'ancienne constitution reconnaissait la coopération de la nation dans la rédaction et la discussion des lois.

L'article 15 de la Charte proclame ainsi cette coopération législative de la nation :

« Article 15. La puissance législative s'exerce » collectivement par le Roi, la chambre des pairs, » et la chambre des députés des départemens. »

1er. Égalité de tous les Français devant la loi;

2e. Égalité relative pour la répartition des impôts en raison des fortunes;

3e. Égalité de droits pour l'admission aux emplois;

4e. Liberté individuelle;

5e. Liberté de conscience;

6e. Inviolabilité de la propriété;

Sont, comme nous l'avons vu, du domaine de notre ancien droit français, depuis l'affranchissement des communes et les institutions de Saint-Louis, que cite le préambule de la Charte.

L'inviolabilité du Roi, comme chef du pouvoir exécutif, son droit de faire des alliances, des traités, etc., de proposer et de sanctionner la loi.

Le droit de réunir et de dissoudre les chambres ou les états, enfin la puissance exécutive dans les mains du Roi sans restriction, voilà ce que les deux constitutions nous offrent.

De l'article 24ᵉ au 53ᵉ inclus.

De même l'indépendance des deux chambres, quant à la discussion des lois, nous rappelle la tenue des champs-de-mars et de mai, et les états-généraux.

L'ordre judiciaire jouissait de l'inamovibilité de ses membres, et *nul ne pouvait être distrait de ses juges naturels* sous l'empire de notre ancien comme de notre nouveau droit public.

Le respect dû aux titulaires des emplois administratifs était beaucoup plus grand sous l'ancienne constitution, qui reconnaissait l'existence des charges à titre de propriété. En ce sens, les droits garantis, nouvellement proclamés par la Charte (art. 69, 70, 71, 72, 73, 74), n'ont rien changé à l'ancienne législation.

Concluons donc que l'auguste législateur, qui a consulté l'expérience de l'histoire et les exemples de ses prédécesseurs, n'a fait que modifier *l'exercice de son autorité suivant la différence des temps*, sans en diminuer l'étendue, et qu'ainsi les libertés et franchises nationales sont toujours placéés sous l'égide protectrice de la royauté, à l'ombre du sceptre qui en est le plus ferme appui.

Le Roi a dit qu'il ne promettait pas en vain. La Charte a réalisé ses promesses. Objet d'un culte emphatique pour ceux qui dédaignent la législation de nos pères, elle est celui du respect des hommes dévoués à la monarchie. Qu'elle les réunisse, et le cri national de *vive le Roi!* aura pour écho tous les cœurs. Ce vœu de tout bon Français est celui du gentilhomme.

CHAPITRE V.

Du Gouvernement représentatif selon la Charte.

> Le Roi et la Patrie, la Patrie et
> le Roi ; ils sont inséparables.
>
> (Paroles du Roi)

Pouvoirs reconnus.

Un monarque, premier mobile du pouvoir ;

Une chambre héréditaire, principe conservateur ;

Une chambre élective, organe plus spécial de l'opinion publique (par le fait même de l'élection) :

Tels sont les pouvoirs constitutifs du gouvernement représentatif, selon le texte et l'esprit de la Charte.

Attributions des pouvoirs.

Cette distribution des pouvoirs est toute calculée pour la conservation de l'autorité royale, ce *palladium* de toutes les libertés publiques.

Leurs fonctions sont distinctes ; ils ne peuvent, sans se détruire, empiéter les uns sur les autres, ni confondre les attributions que leur a reconnues la Charte, comme loi fondamentale de notre gouvernement représentatif.

Ainsi, conserver dans toute leur intégrité les prérogatives de la couronne, est le fait des *ministères du Roi.*

Soutenir de toute son influence les prérogatives royales, sera le droit de la *chambre héréditaire*, associée aux destinées de la couronne, par le partage de l'un de ses attributs spéciaux, l'hérédité du pouvoir dans la ligne masculine et légitime.

Conserver les droits, défendre les intérêts du pays, voilà le devoir de la *chambre élective.*

L'effet produit par ces efforts uniformes, mais divergens, est de serrer le nœud du gouvernement, en complétant, par un système de contrepoids, l'équilibre qui résulte du mouvement naturel de chacun de ces pouvoirs, dans la tendance que lui donne son institution.

Conditions des pouvoirs.

Mais chacun de ces pouvoirs est assujéti dans sa marche à des règles qui, pour ainsi dire, puisées aux sources mêmes du système représentatif, deviennent des conditions dont il ne peut s'affranchir.

Le souverain, en qui réside l'action du gouvernement, n'aurait aucune garantie, s'il l'exerçait directement par lui-même. Attaqué par l'un ou par l'autre de ces pouvoirs, ou par tous deux à la fois, son sort serait éphémère et incertain, s'il n'était hors de la portée de toute atteinte.

Inviolabilité du Souverain.

Voilà ce que la loi anglaise a prévu en proclamant l'inviolabilité du Roi, que consacre cet axiome politique *The king can not do wrong*, (Le roi ne peut faire mal.)

C'est pour la garantie de son autorité que le monarque consent à l'exercer par l'intermédiaire d'un ministère responsable, qui ne peut accepter qu'à ce prix l'honorable fonction de diriger l'action de son gouvernement.

Première condition du Ministère.

Responsabilité.

La responsabilité est donc la première condition imposée aux agens chargés de l'exécution des lois; sans elle point de gouvernement représentatif.

Deuxième condition.

Comment le ministère pourra-t-il agir, s'il

rencontre à chaque pas un obstacle insurmontable de la part des deux autres pouvoirs reconnus (les chambres)? Comment parviendrat-il à se procurer ce concours de volontés qui fait de la loi la règle de tous , parce qu'elle devient l'expression de la volonté générale, s'il n'obtient pas la majorité dans les chambres?

Popularité.

Cette obligation d'être agréable au plus grand nombre, que nos voisins nomment *popularité*, est donc une condition indispensable; c'est la seconde du ministère.

Troisième condition.

Tout ministère ou administration se composant de plusieurs individus , si l'opinion de chacun était prise en considération , il en résulterait un vague que des vues ambitieuses ne pourraient qu'alimenter. Cette indécision entraverait la promptitude d'exécution; elle détruirait cette solidarité générale qui lie entre eux tous les membres du conseil, et fait ainsi tourner toutes les lumières au profit de la chose publique. Sans *unité*, la marche des affaires n'est plus qu'un problème difficile à résoudre.

Ce principe d'unité, qui entraîne la solidarité, sera donc la troisième condition du ministère.

Responsabilité, popularité, unité, telles sont les conditions imposées aux agens chargés par le Roi de l'exécution des lois.

Conditions du pouvoir héréditaire.

Grandes masses de propriétés, lumières et considération sont les influences qu'emploiera le pouvoir héréditaire pour assurer les prérogatives qui lui appartiennent, en soutenant le grand équilibre de deux autres pouvoirs mis en action, par cet esprit de conservation qui lui est propre.

Conditions du pouvoir électif.

Organe de l'opinion, chargé de la défense des intérêts nationaux, il ne peut être élu que par ceux qui ont des intérêts positifs à défendre, et qui, assujétis aux charges consenties par ce pouvoir, sanctionnent l'impôt, par cela même qu'ils ont nommé les membres de la chambre élective qui le votent.

L'opinion de ceux qui possèdent tend toujours à la conservation, dont l'ordre et la tranquillité sont des garans mutuels. *Propriété, industrie,* voilà les conditions du pouvoir électif.

C'est ainsi que tout gentilhomme dévoué à la légitimité, qui se confond avec la monarchie sous les Bourbons, entend un gouvernement représentatif, en harmonie avec la Charte, librement octroyée et concédée par le petit-fils de Saint-Louis.

Il adopte entièrement les principes de la Charte constitutionnelle, la division des pouvoirs qu'elle a établie. Il veut en maintenir l'esprit et entrer dans les conséquences de ce système, comme le remplacement le plus raisonnable des anciennes institutions, libertés et franchises.

Égalité devant la loi et droit d'admission aux emplois;

Liberté des cultes et de conscience;

Liberté individuelle;

Jugement par ses pairs (ou jury) en matières criminelles;

Liberté de la presse, etc.

Tels sont les principes proclamés par le gentilhomme, pour qui le *respect dû aux lois* est la règle de conduite.

Dévoué à la légitimité, son cri de guerre est : *Dieu et le Roi!* Sil ne crie pas *vive la Charte!* c'est que pour lui l'exclamation française *vive le Roi!* comprend le bienfait et le bienfaiteur.

CHAPITRE VI.

Élémens de représentation puisés dans la Charte.

« Nos ancêtres, disait un jurisconsulte distingué,
» concevaient la liberté autrement que nous; ils
» ne la cherchaient pas dans les opinions spécu-
» latives, mais ils la plaçaient dans des idées plus
» positives, dans des droits acquis et reconnus.
» Chaque classe de la société, chaque profession
» avait les siens; ils étaient le patrimoine commun
» de tous ceux qui en faisaient partie. C'était ce
» qu'on appelait alors *droits, immunités, privi-*
» *léges*; non pas dans ce sens qu'y attachent
» quelques écrivains modernes, mais dans son
» sens littéral : *privatæ leges.*

» Ainsi, tous les citoyens étaient également
» soumis aux lois générales de l'État; mais ils
» avaient entre eux des réglemens particuliers,
» des lois de police intérieure, dont le but était
» le maintien, le bon ordre, la sûreté de la pro-
» fession à laquelle ils appartenaient; ils y atta-
» chaient un tel prix, que lorsque l'autorité sou-
» veraine voulait punir une ville, elle la privait
» de son droit de commune; elle supprimait ses

» corporations et ses corps de métiers. Notre his-
» toire en offre plus d'une preuve. Chose remar-
» quable, nos pères voyaient la liberté dans l'agré-
» gation des intérêts semblables, et on veut la
» faire trouver dans l'isolement des individus et
» l'absence de tous intérêts communs!... »

Sans émettre à cet égard des regrets qui seraient inutiles, on ne peut disconvenir que
diviser pour régner a toujours été le fait de la
faiblesse, ou la nécessité d'un pouvoir illégitime;
réunir au contraire, appartient à un gouvernement fort de tout ce qui est juste.

Connaître les intérêts dont se compose la société, les grouper par analogie, sera donc le but
des lois fondamentales réclamées par la Charte.

Or, ces lois fondamentales, et les institutions
qui en découlent, ne peuvent être en harmonie,
qu'en s'appuyant sur le principe d'*unité*, base de
tout ensemble et de toute force, ainsi que l'a établi
Montesquieu dans son *Esprit des lois*. (Livre II,
chap. 3.)

Qui pourrait montrer la moindre analogie entre
les différentes législations qui se sont succédées
depuis 40 ans? Je dis plus : entre les différens
ministères qui, depuis la restauration, ont présidé
à la composition et à la présentation des lois? Les
noms seuls des chefs de ces différens ministères
indiquent assez l'opinion qui les a produits, et

l'esprit qui a dû dicter les lois qu'ils ont pro-
posées (1).

Le débordement de la démocratie a bien été
signalé par un des membres de la chambre
(M. Royer-Collard), choisi depuis par sept colléges différens, et proclamé constitutionnel :
quelles digues protectrices de l'ordre lui a-t-on
opposées ?

Chaque ministère, s'appuyant sur des doctrines
impériales, a cru pouvoir contenir ce débordement et les prétentions qui en découlaient, par
un despotisme administratif, en opposition avec
la législation. Qu'en est-il résulté ?..... la chute de
ces puissances éphémères et la déconsidération
de l'autorité.

Un député (2) s'exprimait ainsi en 1816 : « Vos
» conseils municipaux, choisis par des hommes

---

(1) 1814. Ministère de M. de Montesquiou.

  1815. *Id.* du prince Talcyrand.

  Id. *Id.* du duc de Richelieu.

  1818. *Id.* du général Dessolles.

  1819. *Id.* du comte de Cazes.

  1820. *Id.* du duc de Richelieu.

  1823. *Id.* du comte de Villèle.

  1828. *Id.* comte Roy, Martignac, Portalis , La-
ferronays.

(2) M. de Villèle, lors de la discussion du Budget.

» étrangers à la commune, imposent à ceux qui
» la composent des charges qui doublent quel-
» quefois leur cote contributive. Vos intérêts
» d'arrondissement et de département sont con-
» fiés à des conseils dont la composition n'a été
» dirigée, ni par les dispositions de la vieille loi,
» qui n'ont pas été suivies, ni par celles de la loi
» nouvelle, qui est encore à faire. »

Si ces plaintes du député avaient été accueillies par ce même député devenu président des ministres, nous aurions vu, pendant les six années de son administration, *élever un mur d'airain entre le passé et l'avenir, et la France sortir de l'ornière des révolutions pour n'y rentrer jamais,* comme il en exprimait le vœu à cette même époque. Nous ne pouvions l'obtenir que d'institutions fortes et monarchiques.

Nous reconnaissons la nécessité d'appeler à la tête des affaires les hommes les plus habiles ; mais nous exigeons des ministres du Roi *des doctrines fixes et monarchiques.*

Nous voyons avec l'auteur de la monarchie suivant la Charte, tout ministère faible tomber sous le poids de sa faiblesse, et nous pensons qu'au talent et à la force appartient le don de reconstituer la société.

Parlez d'honneur et de patrie, et vous trouverez des échos en France, a dit un député (M. Kératri). Nous ajouterons avec un noble pair (M. de Chateaubriand) , en parlant de la nouvelle chambre : « Prenez cette chambre par la loyauté; » parlez-lui de Dieu, du Roi et de la France....... » montrez.lui de la considération et de l'estime, » et vous lui ferez faire des miracles. »

La France monarchique aime à répéter ces accens du patriotisme sortis de la même enceinte (adresse du 3o novembre 1821) : « Ministres » du Roi de France, du petit-fils de Saint-Louis, » que la considération publique a présentés à la » confiance du souverain! un intérêt non moins » pressant touche aux besoins des peuples : pleins » de ces sentimens généreux que le Roi a su lire » dans les cœurs, ils réclament le complément » de ces bienfaits; ils attendent les institutions » nécessaires sans lesquelles la Charte ne saurait » vivre; ils demandent à son immortel auteur » que *l'ensemble de nos lois soit mis en harmo-* » *nie avec la loi fondamentale.* »

Charles X a accueilli ce dernier vœu (1); que

---

(1) « Voulant affermir de plus en plus dans mes États la » Charte qui fut octroyée par mon frère , et que j'ai juré de » maintenir , je veillerai à ce qu'on travaille avec sagesse » et maturité à mettre notre législation en harmonie avec » elle. » (Discours d'ouverture de la session de 1828.)

» Frédéric II disait : Le législateur est père, fils et sujet

l'administration actuelle accomplisse ce vœu, en conservant à l'autorité royale la force protectrice qui lui appartient, et elle obtiendra, par le concours unanime des lumières des deux chambres, cette *unité* de vues que la haute sagesse du monarque a réclamée.

« C'est ainsi qu'un gouvernement, constant
» dans ses principes, ferme et franc dans sa
» marche, doit assurer la gloire et la stabilité du
» trône, appelé si noblement par l'auguste auteur
» de la Charte, *le protecteur* de toutes les li-
» bertés publiques. (Même discours du 30 no-
» vembre 1821.)

» de la loi; père, pour l'avoir créée; fils, parce qu'il doit
» respecter l'œuvre du père; sujet, parce que, la loi promul-
» guée, c'est elle qui est souveraine. »

CHAPITRE VII.

De l'Administration selon la Charte.

Administrer, ce n'est pas régner.

La Charte dit :

Art. 13. « *Au Roi seul appartient la puis-* » *sance exécutive.* »

Art. 14. « Le Roi est le chef suprême de l'Etat, » commande les forces de terre et de mer, dé- » clare la guerre, fait les traités de paix, d'alliance » et de commerce, nomme à tous les emplois » d'administration publique, et fait les réglemens » et ordonnances nécessaires pour l'exécution » des lois et la sûreté de l'Etat. »

Telle est la base de toute administration en harmonie avec la loi fondamentale.

Mais elle dit encore :

Art 57. « Toute justice émane du Roi. Elle » s'administre en son nom par des juges qu'il » nomme et qu'il institue. »

Art. 58. « Les juges nommés par le Roi sont » inamovibles. »

On se demande alors ce qui a pu faire administrer la justice au nom du Roi, par des juges inamovibles, tandis que tous les autres agens du pouvoir exécutif sont révocables.

La nature même des fonctions du magistrat, répondra-t-on, parce qu'il devient arbitre sur des questions qui intéressent l'honneur, la fortune et la vie des citoyens ; de telles fonctions réclament l'indépendance chez celui qui prononce sur des intérêts aussi chers. La volonté du souverain, dont toute justice émane, reconnaît et sanctionne cette indépendance, par l'inamovibilité du magistrat organe de la loi.

Appliquons maintenant à l'administration les articles 13, 14, 57 et 58, en faisant une distinction entre l'exécution qui exige *unité*, et la délibération qui, tenant de l'arbitrage, réclame une participation tacite de la part des intéressés.

L'élection des prud'hommes et des membres des chambres de commerce, lors de leur organisation, nous explique la nature de leurs fonctions délibératives. Intéressées à faire choix d'hommes éclairés et considérés, les parties ne consultent que cette voix intime, pour élire ceux qui discutent sur les intérêts de la communauté. En cela elles suivent les intentions de la couronne, protectrice de tous les intérêts.

L'approbation du Roi à la nomination des juges du tribunal de commerce sanctionne leur élection.

Ces considérations nous mènent à envisager l'administration municipale dans ses divisions.

Le maire et les adjoints administrent, au nom du Roi, les intérêts de la commune : *voilà l'exécution*. Mais, avant d'agir, ils doivent convoquer le conseil municipal, qui examine leurs propositions, les discute dans les intérêts de la commune, approuve ou désapprouve les propositions qui lui sont soumises : *voilà la délibération.*

Comment coordonner la nomination du maire et des adjoints avec celle des conseillers municipaux ?

En reconnaissant dans les premiers les délégués de la couronne, à qui l'exécution appartient, et dans les autres les arbitres prononçant sur les intérêts et charges de la commune. On conclura donc que ceux-ci doivent être élus par les citoyens qui supportent ces charges. Alors le conseil municipal serait à la cité ce que la chambre des députés est à la France. Le maire et ses adjoints en seraient les ministres.

L'élection est donc dans le vœu de la Charte.

Pouvoirs municipaux.

Suivant ce système, on reconnaîtra avec nous que la nomination du maire et des adjoints appartient au Roi.

Dans l'état actuel de la société, nous croyons qu'il serait convenable d'étendre l'application de l'article 40 (1) de la Charte, autant que possible, à l'élection des membres des conseils municipaux.

En proposant le droit de suffrage aux électeurs des communes dont la population s'élève de 1,500 âmes à 5,000, nous trouvons des intérêts positifs dans le conseil.

Au-dessus de 5,000 âmes, nous pensons que les membres des conseils municipaux, et les citoyens qui auraient le droit de les nommer, devraient réunir les conditions de l'éligibilité prescrites par l'article 38 de la Charte (2).

La plupart des communes d'une population au-dessous de 1,500 âmes, n'offrant point un nombre suffisant d'électeurs pour l'élection des conseils municipaux, on pourrait réunir les trente plus imposés de la commune pour choisir parmi eux les membres du conseil municipal.

Alors le maire et les adjoints, considérés comme

---

(1) Art. 40. « Les électeurs qui concourent à la nomination » des députés ne peuvent avoir droit de suffrage, s'ils ne » payent une contribution directe de 300 fr., et s'ils n'ont au » moins trente ans. »

(2) Art. 38. « Aucun député ne peut être admis dans la » chambre, s'il n'est âgé de quarante ans, et s'il ne paye » une contribution directe de 1,000 fr. »

ministère public dans les assemblées des conseils municipaux, en cas d'empiétement de la partie délibérante, en appelleraient au préfet.

L'administration de la commune ainsi organisée, il serait facile d'élargir le cercle de ses attributions.

Conseils d'arrondissement.

Ici les intérêts à défendre acquièrent une importance qui réclame une sécurité plus grande. Les membres du conseil d'arrondissement répartissent l'impôt : en principe, ils doivent être élus par tous *ceux qui contribuent indistinctement, dans la proportion de leur fortune, aux charges* de l'Etat (1), mais en raison de l'importance de ces mêmes charges.

On croit devoir proposer les moyens suivans de satisfaire aux exigences légitimes de la propriété :

1°. Tout électeur de collége d'arrondissement a le droit de contribuer à l'élection de candidats pour la composition du conseil d'arrondissement.

Ce nombre de candidats sera égal à celui des membres du conseil à élire.

----

(1) Art. 2 de la Charte.

2°. Tout membre du collége de département, *qui a son domicile dans l'arrondissement*, à raison de son double droit de faire partie du grand et du petit colléges, concourra à la nomination de candidats qui seront élus par le collége d'arrondissement, et d'un nombre égal de candidats choisis par lesdits électeurs de département qui ont leur domicile dans l'arrondissement.

3°. Le Roi choisit les membres du conseil d'arrondissement parmi les candidats élus par le grand et le petit colléges.

De cette manière, la propriété est satisfaite, et l'esprit de toute représentation nationale, à laquelle le Roi ne peut être étranger, préside par la sanction royale à l'élection.

Le conseil d'arrondissement, formé sur ces bases, offre toute garantie à l'ordre public.

Le sous-préfet exercera l'office de substitut dans ce conseil, et aura le droit d'appeler de ses décisions devant le conseil-général.

Conseils-Généraux.

C'est au conseil-général que les impositions se répartissent par arrondissement, que les grands intérêts du département se discutent, et que les vœux qui en émanent sont présentés au gouvernement.

Ce simple exposé des attributions principales des conseils-généraux montre leur importance et la nécessité d'y réunir la grande propriété, au moyen de ses organes.

On propose donc d'étendre le droit d'élection pour la nomination de leurs membres :

1°. A la liste des propriétaires éligibles et domiciliés dans le département ;

2°. De diviser cette liste par arrondissement, afin que chaque arrondissement soit représenté au conseil-général, en raison de sa population, de sa richesse et de son industrie ;

3°. De renouveler les membres des conseils-généraux à chaque renouvellement intégral de la chambre des députés.

4°. De reconnaître membres du conseil-général de droit :

Les pairs de France qui auront établi un majorat dans le département ;

Les députés élus par le département.

Le préfet remplirait les fonctions de procureur-général ; il aurait le droit de motiver son opinion, et de la faire insérer au procès-verbal, lorsqu'elle serait contraire aux décisions du conseil-général.

On voit, dans le système administratif que nous venons d'exposer, que toutes les propositions qui intéressent les communes, les arrondissemens et les départemens, seraient examinées et contrôlées par leurs organes, mais que l'exécution de ces mesures serait religieusement conservée à la couronne.

CHAPITRE VIII.

Justices de paix, Conseils de Préfecture, Conseil-d'État,
en harmonie avec la Charte.

La justice de paix est, en Angleterre, l'un des
anneaux les plus solides des liens aristocratiques
qui maintiennent la société.

Ce premier degré de la hiérarchie judiciaire y a
établi un patronage si puissant, qu'il suffit pour
contre-balancer avec succès les efforts constans
d'un radicalisme qui plie à regret devant la propriété. Les services immenses rendus par les justices de paix dans un pays où chaque procès est
une ruine assurée pour l'une des parties, quand
elle ne l'est pas pour les deux, ont garanti à la propriété une influence incalculable dans les élec-
tions.

Dans ces temps où l'adresse, l'agilité et la force
montrèrent des protecteurs et des protégés, on
désignait sous le nom de noblesse (dès l'origine de
cette institution) la classe qui assurait la sécurité
des autres; maintenant que la force ne décide
plus des différens, ce même patronage est la ré-

compense de celui qui assure au citoyen la paisible jouissance de ses droits.

On s'étonne à tort de l'importance acquise de nos jours aux membres du barreau et de la banque. Cette importance est la conséquence des besoins réels ou factices de la société.

Transportons-nous en idée dans un pays où tout le monde serait malade; nous y trouverions la Faculté en première ligne; elle composerait l'état nobiliaire du pays. Maintenant que le luxe et le desir d'y satisfaire ont mis en crédit la banque et l'agiotage, comme moyen plus prompt de faire fortune, maladie de notre époque, on va chercher les médecins à la Bourse. Celui donc qui y a attaché les intérêts de l'État, n'a fait que suivre l'impulsion.

Protecteurs et protégés, voilà ce que la société a toujours montré et montrera toujours.

Le gouvernement anglais, reconnaissant cette vérité, a trouvé, dans les intérêts territoriaux, le contre-poids le plus puissant à opposer aux intérêts industriels et financiers. Il a commencé par consacrer la fixité de la propriété, et en a tiré parti en asseyant la justice de paix sur cette même propriété. Ce que la France trouvait jadis dans ses parlemens comme judicature, l'Angleterre l'a proclamé pour le premier degré de la hiérarchie judiciaire.

En confiant les justices de paix à la grande propriété, elle les a créées conservatrices de l'ordre, par l'indépendance et la considération des titulaires.

Pour l'esprit superficiel, une cause de dix schellings occupant l'attention d'un pair, possesseur de deux ou trois millions de revenu, est une superfluité : pour l'observateur judicieux, cette cause et tant d'autres établissent un patronage, véritable sauve-garde pour la société.

En répétant ces paroles de Montesquieu : «Es-
» timez vos voisins, étudiez leurs lois, mais ne
» négligez pas les principes des vôtres, et appre-
» nez-en les salutaires effets,» je ne puis m'empêcher de demander qui a pu faire consacrer dans la Charte l'*amovibilité* des juges de paix, et déterminer l'administration à ne leur donner qu'une influence précaire dans la société (1).

----

(1) Le Roi n'a pas cru compromettre le sort de l'art. 14 et son autorité suprême, en faisant reconnaître par une loi de l'État les droits des officiers de l'armée à l'avancement.

Il en a agi de même en nommant pair héréditaire ou à vie, droit reconnu par l'art. 27.

Qui pourrait l'empêcher de nommer à *vie* les juges de paix, qui, par leur position indépendante et une grande considération, offriraient une influence salutaire pour la chose publique? Ce système tendrait à perfectionner celui des mairies de canton, qu'une magistrature semblable tendrait à relever dans l'opinion publique.

Sous le point de vue judiciaire, la juridiction de nos justices de paix, resserrée dans les bornes d'une mesquinerie ridicule (100 fr.), les prive d'une considération à laquelle elles pourraient avoir droit.

Sous le point de vue politique, cette institution faussée n'établit aucun patronage, devient inutile.

Tout se lie dans un bon système administratif. Rompez les fils et liens cachés, dont le gouvernement devrait avoir le jeu, et la société, individualisée, n'offre aucune force ou obstacle contre celui qui l'attaque.

En honorant la justice de paix, on éviterait une foule de procès ; on obtiendrait une influence conservatrice, et l'on fixerait, dans les départemens, des familles, appuis solides et naturels de la monarchie.

Buonaparte, voulant honorer la propriété, avait établi que tout président de conseil-général devenait de droit *Baron* après trois années de présidence. Qui empêcherait d'accorder des récompenses honorifiques au propriétaire qui, comme notabilité du pays, aurait rempli les fonctions importantes de juge de paix pendant un certain nombre d'années ?

La justice est le plus bel attribut de la royauté ;

combien il est donc impolitique de laisser inaperçu ce premier degré de l'ordre judiciaire!

Un chevalier de Saint-Louis exerçait, près du Mans, l'office de juge de paix ; on l'a proclamé le père de son canton et le sauveur de ses administrés ; sa mémoire est en vénération. Voilà ce qu'on voudrait voir partout en France.

Richelieu, en appelant à la cour la noblesse de province, a voulu augmenter le pouvoir de la couronne ; mais, en détruisant ces intermédiaires que Montesquieu considère comme la sauve-garde de la monarchie et des libertés publiques, il a anéanti leur influence salutaire (1).

----

(1) Louis XIV, à l'époque de ses revers, répondit avec fermeté à ceux qui le sollicitaient vivement de quitter la capitale : « Non, si mon armée est encore battue, je convoquerai toute » la noblesse de mon royaume ; je la conduirai à l'ennemi, » malgré mon âge de soixante-quatorze ans, et je m'ensevé- » lirai avec elle sous les débris de la monarchie. »

Louis XVI écrivait, le 21 mars 1791, au prince de Condé : « Les gentilshommes qui vous ont suivi ont tout quitté pour » l'honneur, pour défendre le trône et l'autel ; leur sacrifice » est d'autant plus méritoire, que, délaissés, exilés pour ainsi » dire dans le fond des provinces, les bienfaits de la cour » venaient rarement les chercher, et que leur patrimoine » n'en était pas moins consacré à la défense de l'État.

» Le dévouement de cette classe de la noblesse me paraît » digne d'éloges. Quel fut son intérêt en embrassant la cause » des princes exilés? Il n'en fut pas pour elle ; et cependant

Dans l'état actuel de la société, les justices de paix, les pouvoirs municipaux et de département offrent une force morale toute d'influence ; et cette force sera un auxiliaire puissant ou un obstacle, selon que l'administration marchera sous l'égide des lois ou s'en écartera.

L'homme d'état doit envisager cette question grave sous toutes ses faces, et en faire l'objet de ses méditations.

CONSEILS DE PRÉFECTURE.

Un propriétaire ou un administré souffre d'une mesure prise par l'administration, dont le préfet est le chef : il se croit victime d'un acte arbitraire ; à qui adressera-t-il sa plainte ?.... au conseil de préfecture. Ce conseil, comme la justice de paix, est le premier appelé à juger en instance.

Comment le conseil de préfecture est-il composé ? De membres choisis par le Roi, sur la présentation de ce préfet qu'il doit juger.

» elle prend les armes et se prépare au combat. Ayez des » égards pour ces braves Français, et ne souffrez pas qu'ils » soient avilis. »

Louis XVIII, dans sa proclamation de juillet 1795, présente ses gentilshommes comme garans de sa promesse royale.

(Voyez la proclamation, aux notes à la fin.)

Comment le conseiller de préfecture est-il placé?... Entre la reconnaissance et la crainte : il est amovible.

Quelle garantie et quelle sécurité pour les administrés qui payent les charges de l'État *en raison de leur fortune*, suivant le texte du deuxième article de la Charte !

D'un autre côté, le conseil de préfecture adjoint au préfet, n'exerçant aucun pouvoir judiciaire, rentre dans ses véritables attributions : il est naturel de choisir celui à qui on accorde sa confiance quand on lui demande des avis.

On voit par cet exposé qu'il existe deux hommes dans le conseiller de préfecture : l'homme appelé à juger les différens, et l'homme de l'administration, éclairant le préfet de ses lumières.

CONSEIL-D'ÉTAT.

Les fonctions du conseil-d'état sont-elles en harmonie avec les dispositions de la Charte? Cette question importante, nous la proposons.

Le conseil-d'état est au ministre ce que le conseil de préfecture est au préfet.

Comme pouvoir judiciaire, il représente une Cour supérieure administrative, ou Cour de cassation en appel de la justice des conseils de préfecture.

Comme conseil, il rentre de même dans la nature de ses attributions, étant choisi par le souverain, et sur la présentation du ministère, qu'il éclaire de ses lumières et de ses conseils.

La Charte dit, art. 62 : *Nul ne pourra être distrait de ses juges naturels;* comme elle a consacré la responsabilité des ministres par l'article 13, qui proclame la personne du Roi inviolable : comment ne pas s'étonner en voyant le conseil-d'état conserver un pouvoir judiciaire en matières administratives?

Buonaparte, régnant par la force, scellant ses arrêts avec le pommeau de son épée, ne commettait aucune inconséquence en se portant juge et partie dans son conseil-d'état.

Un Bourbon, dont le pouvoir légitime est naturellement placé sous l'égide des lois, ne peut hériter des traditions du despote.

Ecoutons M. de La Bourdonnaye; il s'exprimait ainsi à la chambre des députés le 31 mars 1818 :

« Les questions constitutionnelles qui se ratta-
» chent à la discussion concernant le conseil-
» d'état, sont du plus haut intérêt.

» La première qu'elles fassent naître est celle
» de savoir si le conseil-d'état peut être légale-
» ment constitué, si la Charte, qui n'a établi que
» deux pouvoirs, *le pouvoir exécutif* qui réside
» dans la personne du monarque, et *le pouvoir*

» *législatif* qui s'exerce par le concours de la
» volonté royale et de la majorité des deux
» chambres, peut reconnaître un corps qui, sans
» faire partie de l'ordre judiciaire, prononce, par
» des décisions exécutoires, sur les intérêts les
» plus chers de la propriété; qui, sans participer
» à la puissance législative, se constitue interprète
» des lois, et donne des avis qui, soumis pour la
» forme à l'approbation des ministres, deviennent
» la base de leurs décisions, et semblent leur
» offrir un appui, par la prépondérance du corps
» qui les a exprimées.

» La seconde, non moins importante, conduit
» à examiner si, dans les mains d'un ministre
» habile, un tel corps, composé des hommes les
» plus influens des deux chambres, ne serait pas
» un instrument dangereux pour la liberté, et si,
» lié aux actes du ministère par la préparation des
» lois, il ne formerait pas bientôt une oligarchie
» assez puissante pour dominer les chambres,
» comme elle le ferait sous un ministère faible
» pour l'asservir lui-même, et, dans tous les cas,
» annuler par le fait la seule garantie nationale,
» la responsabilité des ministres.

» La troisième donnerait lieu à réfléchir, si, d'a-
» près l'art. 58 de la Charte, il peut y avoir des
» juges amovibles, et si l'importance des décisions
» abandonnées jusqu'ici aux *conseils de préfec-*

» *ture* et au conseil-d'état, a des garanties suffi-
» santes, en *première instance, dans trois con-*
» *seillers de préfecture amovibles*, la plupart
» étrangers à l'étude des lois, qui ne trouvent pas
» même dans l'absence de publicité de jugemens
» prononcés à huis-clos, ce frein de l'opinion
» publique, seconde conscience des magistrats...;
» si, *en appel*, des conseillers d'état, révocables à
» volonté, et souvent choisis dans l'opinion domi-
» nante des ministres, peuvent rassurer les ci-
» toyens de toutes les opinions, sur une impar-
» tialité dont dépend leur fortune et quelquefois
» leur honneur;

» Enfin, si l'évocation au conseil-d'état, de
» questions qui, pour être relatives aux formes et
» à l'interprétation de quelques contrats, n'en
» sont pas moins des questions de la plus haute
» importance, n'a pas dû cesser par la promul-
» gation de la Charte, dont l'art. 62 dispose que
» les parties ne peuvent pas être enlevées à leurs
» juges naturels, dont l'article suivant repousse
» les tribunaux extraordinaires, et si par consé-
» quent la partie contentieuse du conseil-d'état
» n'est pas devenue inutile sous ce point de vue;
» si elle n'est pas inconstitutionnelle en ce qui
» touche aux décisions administratives, puis-
» qu'il tend à affaiblir la responsabilité ministé-
» rielle.

» Questions qui appellent les plus sérieuses
» méditations des Chambres, et qu'il serait im-
» portant de résoudre. »

M. Cormenin et plusieurs autres publicistes
ont exprimé le même vœu. Cherchons les moyens
de placer les justices de paix, les conseils de préfecture et le conseil-d'état en harmonie avec la
Charte.

Le Roi a reconnu que toute la législation n'était
pas en harmonie avec la Charte, en s'exprimant
ainsi dans son discours d'ouverture de la session
de 1828 : « *Je veillerai à ce qu'on travaille*
» *avec sagesse et maturité à mettre notre lé-*
» *gislation en harmonie avec elle.* »

D'un autre côté, l'administration impériale,
continuée sous le règne d'un Bourbon, ne peut
avoir la prétention d'être plus en harmonie avec
l'*œuvre librement octroyée* par l'auguste législateur à ses sujets.

On conçoit maintenant cette exclamation du
député (Casimir Périer) à la tribune : *La France
a soif de légalité et de justice administratives.*

Un gentilhomme, ami de son pays et serviteur dévoué de son Roi, propose les moyens suivans, pour obtenir cette légalité et cette justice
administratives, objet des vœux de tout bon
Français.

Justices de paix.

1°. Reconnaître une grande importance à la *justice de paix*, pouvoir conciliateur, premier degré de la hiérarchie judiciaire;

2°. Lui assurer l'*indépendance*, principe de sécurité pour les administrés, qui rendra cette institution *populaire et politique.*

Conseils de préfecture.

Distinguant dans les conseils de préfecture le pouvoir judiciaire, en première instance, pour tous les différens en matières administratives, dont le conseil-d'état est l'appel, on augmenterait la considération dont il doit naturellement être entouré, par la composition suivante :

1°. Tout conseil de préfecture aura autant de membres que le département a d'arrondissemens.

2°. Chaque conseil d'arrondissement présente une liste de candidats égale au nombre de ses membres.

3°. Le conseil général en présente un nombre égal.

4°. Sur la présentation de ces candidats par le ministre de l'intérieur, le Roi nommera aux emplois de conseillers de préfecture.

8.

Grâce à cette élection et à la sanction royale, les administrés obtiendraient la sécurité que leur garantissent les articles 62 et 57 de la Charte (1).

Comment le ministère pourrait-il considérer dans cette élection un projet hostile? et quel administré n'y verrait pas un principe de sécurité?

Conseil-d'État.

La Cour de cassation ne juge que sur le respect dû aux formes : le conseil-d'état prononce sur les formes et le fond : de là la nécessité d'élever cette cour supérieure au-delà de toute atteinte. On propose, pour y parvenir, de la composer :

1°. D'un certain nombre de pairs de France, anciens chefs d'administrations;

2°. D'un même nombre de députés, pris dans des positions indépendantes (pour la première formation), déclarés irrévocables par leur nomination;

3°. D'attacher à cette haute cour administrative un parquet de conseillers d'état, faisant fonc-

---

(1) Art. 62. « Nul ne pourra être distrait de ses juges na-
» turels. »

Art. 57. « Toute justice émane du Roi.... Elle s'admi-
» nistre par des juges qu'il nomme et qu'il institue. »

tions *d'avocats-généraux*, et *de maîtres des requêtes* remplissant *l'office de substituts.*

La présidence de cette haute cour administrative pourrait être confiée à Mgr le chancelier de la chambre des pairs, placé dans une sphère qui réponde à l'importance de ces hautes fonctions.

Les décisions de cette cour suprême feraient bientôt jurisprudence et autorité, sans offrir rien d'hostile contre le pouvoir.

La cause perdue devant le conseil de préfecture en première instance, et en appel à la cour suprême, aurait parcouru les juridictions légales, et satisfait au vœu de la Charte, puisque le prononcé des jugemens serait fait au nom du Roi.

CONCLUSION.

Ah! si le Roi le savait (1)!

M. le comte de Montlosier s'exprimait ainsi en 1815 :

« Le tableau de la France actuelle, si on sait
» bien l'observer, peut se partager entre deux
» efforts continus : celui de la révolution, à l'effet
» de s'emparer de Louis XVIII et de le changer
» en elle; et celui de Louis XVIII, à l'effet de
» s'emparer de la révolution et de la changer en
» lui. Si la révolution conserve dans l'Etat une
» ombre de prépondérance, l'issue n'est pas in-
» certaine. Honteuse de son illégitimité auprès
» d'un trône légitime, elle se fera, n'en doutons
» pas, une armée de tous les orgueils blessés, une
» puissance de toutes les hontes; elle brisera à la

---

(1) Cette exclamation française, mise en opposition avec
l'adage anglais *le Roi ne peut faire mal* (The king can not do
wrong), montre la différence entre l'esprit des deux nations.
Cette différence existe entre les deux constitutions. La Charte
l'explique en ce sens, que monarchique elle est l'œuvre du
souverain, tandis qu'elle lui a été imposée par les barons anglais dans la personne de Jean-sans-Terre.

» fin une tête avec laquelle tout son corps se
» trouvera en discordance; elle appellera alors
» sur le trône une illégitimité quelconque, à l'effet
» de consacrer toutes ses illégitimités. »

Le Roi avait librement octroyé la Charte, et
son successeur en a juré le maintien devant *les*
autels de celui qui pèse dans la même balance
les Rois et les nations.

En agissant ainsi, il a réduit la révolution au
silence, parce qu'il a apprécié les effets des progrès toujours croissans des lumières; les rapports
nouveaux que ces progrès ont introduits dans la
société, la direction imprimée aux esprits depuis
un demi-siècle, et les graves altérations qui en
sont résultées (1).

« La Charte a posé les bases de notre régéné-
» ration politique, en établissant des principes
» simples et conformes à la nature des choses.
» Ces principes, avec lesquels la plupart de nos
» lois, et l'interprétation donnée à quelques-unes,
» contrastent d'une manière si frappante, ont
» besoin d'être profondément gravés dans l'esprit
» de la nation, et particulièrement des hommes
» appelés à défendre ses intérêts. Ces principes
» doivent former le lien et le mécanisme de toutes

______

(1) Préambule de la Charte.

» nos lois; car leur liaison et leur harmonie *sont*
» *le plus grand besoin de la France.*

» Le vague et l'incertitude des principes sont
» plus mortels aux empires que l'absence même
» des lois; ne pas oser les exprimer nettement
» est, de toutes les incapacités politiques, la plus
» radicale. » (*Quotidienne* du 24 février 1828.)

En réclamant une législation en harmonie avec
la Charte, nous nous sommes conformés à l'intention formelle du souverain.

En demandant une administration monarchique conforme au texte de la Charte et à son esprit, nous reconnaissons, avec l'auguste législateur, que ce vœu est *l'expression d'un besoin réel.*

Ami de notre pays et serviteur dévoué à la monarchie, nous avons indiqué l'administration que l'exécution de la Charte réclame, puisque ce système reconnaît et proclame :

1°. Un monarque, premier mobile du pouvoir;

2°. Une chambre héréditaire, principe conservateur;

3°. Une chambre élective, organe de l'opinion , d'où découle une administration dont l'action tout entière appartient au Roi, et la délibération des intérêts aux représentans de ceux qu'ils concernent.

En demandant à l'administration de voir augmenter les attributions des autorités locales, soit de communes soit de départemens, nous ne craignons plus de voir les ministres nous supposer quelqu'arrière-pensée.

Grâce à ce système administratif, le ministère, que n'entraveraient plus des détails immenses, embrasserait l'ensemble des choses, la profondeur des matières, et se livrerait aux vastes conceptions de l'homme d'état; moyen d'obtenir la prospérité nationale, ce plus beau titre de gloire pour le cœur d'un Roi vraiment restaurateur des libertés publiques.

Henri IV n'avait pas enfoui Sully sous un monceau d'expéditions : Sully n'occupait pas son maître des moyens de se préparer ou de conserver une majorité.

Crédit, estime, étaient termes synonymes pour ces grands hommes; ils les confondaient avec la confiance publique.

Nous reposant dans la haute sagesse du Roi, qui propose la loi, s'éclaire par la discussion, et la sanctionne, nous ne prononcerons pas entre les doctrines de Lycurgue, de Platon et d'Aristote (1), sur le caractère de la loi; nous deman-

___

(1) Selon *Lycurgue*, toutes les lois sont bonnes sous un bon gouvernement ; et, dans le cas contraire, les meilleures lois ne valent rien.

Platon pensait que les meilleures lois sont celles qui laissent

derons seulement que des institutions vraiment monarchiques et nationales vivifient la Charte.

« Les institutions sont le bouclier le plus sûr » des Rois, » disait le duc de Berri.... »

Cette opinion d'un fils de France est celle de tous les Français.

Le parlement, dont faisaient partie les pairs du royaume, l'exprimait dans sa séance du 5 octobre 1788, quand il suppliait le Roi de supprimer *tous impôts distinctifs des ordres*; d'établir la légalité des charges; d'imposer la responsabilité des ministres, la liberté *individuelle* des citoyens, et la liberté légitime de la presse.

« Sire, dit l'arrêté des ducs et pairs séant au » Louvre, le 20 du même mois, les pairs de votre » royaume s'empressent de donner à Votre Ma-» jesté et à la nation des preuves de leur zèle » pour la prospérité de l'Etat, et de leur desir » de *cimenter* l'union entre tous les ordres, en » suppliant *Votre Majesté* de recevoir le vœu » solennel qu'ils portent au pied du trône, *de* » *supporter tous les impôts et charges publi-* » *ques dans la juste proportion de leur for-*

---

le plus à la sagesse et à l'arbitrage du juge, parce que les circonstances doivent singulièrement influer sur les décisions.

Aristote pensait, au contraire, que les meilleures lois sont celles qui laissent le moins de liberté aux juges.

» *tune, sans exception pécuniaire quelconque;*
» ils ne doutent pas que ces sentimens ne fussent
» *unanimement* exprimés par tous les autres
» *gentilshommes* de votre royaume, s'ils se trou-
» vaient réunis pour en déposer l'hommage dans
» le sein de Votre Majesté. »

Ce vœu de la noblesse française et de la nation avait un écho dans le cœur de Louis XVI : ce vœu a été exaucé par son auguste frère; la Charte l'a réalisé. Par elle, les libertés publiques ont été proclamées au nom de l'autorité tutélaire de la royauté; par elle, un régime légal a banni tout arbitraire, et les inquiétudes qui en sont la suite; par elle, enfin, le Roi et la nation ne font qu'un, suivant les expressions du noble pair : *le Roi, la Charte et les honnêtes gens.*

FIN.

NOTES.

Iʳᵉ.

« Il n'y a prince en l'univers qui soit tant aimé de
» sa noblesse, comme la nôtre », écrivait Étienne Pas-
quier, en 1576, à M. Kerquisinem; « car tout ainsi
» qu'elle est d'une nature prompte, gaillarde et sans
» fiel; aussi quelque souffreté qu'elle ait endurée pour
» son Roi, une accolade, un bon accueil, un visage
» riant et débonnaire est une douce boisson qui lui
» fait oublier tous ses maux passés, s'estimant condi-
» gnement satisfaite, quand elle connaît ses services
» avoir été agréables à son Roi. »

« La noblesse anglaise s'ensevelit avec Charles Iᵉʳ
» sous les débris du trône » dit Montesquieu (liv. viii,
chap. 9); « et avant cela, lorsque Philippe II fit
» entendre aux Français le mot *liberté*, la couronne
» fut toujours soutenue par cette noblesse.

» On a vu, dit-il encore, la maison d'Autriche tra-
» vailler sans relâche à opprimer la noblesse hon-
» groise; elle ignorait de quel prix elle lui serait quel-
» que jour. Elle cherchait, chez ces peuples, de l'argent
» qui n'y était pas; elle ne voyait pas des hommes qui
» y étaient. Lorsque tant de princes partageaient entre
» eux ses Etats, toutes les pièces de sa monarchie, im-
» mobiles et sans action, tombaient, pour ainsi dire,

» les unes sur les autres. Il n'y avait de vie que dans
» cette noblesse, qui s'indigna, oubliant tout pour
» combattre, et qui crut qu'il était de sa gloire de périr
» et de pardonner. »

Ces exemples, et tant d'autres, forment le code du gentilhomme, de qui Henri IV disait : « Il me pressait » bien plus sur le champ de bataille. »

II.

Déclaration de Louis XVIII, roi de France et de Navarre.

Louis, par la grâce de Dieu, Roi de France et de Navarre, à tous nos sujets, salut.

En vous privant d'un Roi qui n'a régné que dans les fers, mais dont l'enfance même vous promettait le digne successeur du meilleur des Rois, les impénétrables décrets de la Providence nous ont transmis, avec sa couronne, la nécessité de l'arracher des mains de la révolte, et le devoir de sauver la patrie, qu'une révolution désastreuse a placée sur le penchant de sa ruine.

Cette funeste conformité entre les commencemens de notre règne et du règne de Henri IV, nous est un nouvel engagement de le prendre pour modèle; et, imitant d'abord sa noble franchise, notre âme tout entière va se dévoiler à vos yeux. Assez et trop long-temps nous avons gémi des fatales conjonctures qui tenaient notre voix captive : écoutez-la , lorsqu'enfin elle peut se faire entendre. Notre amour pour vous est le seul sentiment qui nous inspire ; la clémence est pour notre cœur un besoin que nous nous hâtons de satis-faire ; et puisque le Ciel nous a réservé, à l'exemple du grand Henri, pour rétablir dans notre empire le règne de l'ordre et des lois, comme lui, nous rempli-rons cette sublime destinée, à l'aide de nos fidèles sujets, et en alliant la bonté à la justice.

Une terrible expérience ne vous a que trop éclairés sur vos malheurs et sur leurs causes. Des hommes im-pies et factieux, après vous avoir séduits par de men-songères déclamations et par des promesses trompeuses, vous entraînèrent dans l'irréligion et la révolte. Depuis ce moment, un déluge de calamités a fondu sur vous de toutes parts. Vous fûtes infidèles au Dieu de vos pères ; et ce Dieu, justement irrité, vous a fait sentir tout le poids de sa colère : vous fûtes rebelles à l'autorité qu'il avait établie pour vous gouverner, et un despo-tisme sanglant, une anarchie non moins cruelle, se succédant tour à tour, vous ont sans cesse déchirés avec une fureur toujours renaissante.

Considérez un instant l'origine et les progrès des maux qui vous accablent.

Vous vous livrâtes d'abord à d'infidèles mandataires qui, trahissant votre confiance, et foulant aux pieds leurs sermens, préparèrent leur rébellion contre leur Roi, par la trahison et le parjure envers vous ; et ils vous rendirent les instrumens de leurs passions et de votre perte.

Après cela, vous vous laissâtes asservir par des tyrans

ombrageux et farouches, qui se disputaient, en *s'en-tr'égorgeant*, le droit d'opprimer la France, et ils vous imposèrent un joug d'airain.

Vous avez souffert ensuite que leur sceptre ensanglanté passât dans les mains d'une faction rivale qui, pour s'emparer de leur puissance et recueillir le fruit de leurs crimes, se couvrit du masque de la modération qu'elle soulève quelquefois, mais qu'elle n'ose pas déposer encore ; et pour des despotes sanguinaires que vous abhorriez, vous avez eu des despotes hypocrites que vous méprisez. Ils cachent leur faiblesse sous une feinte douceur, mais la même ambition les dévore ; le règne de la terreur a suspendu ses ravages, mais les désordres de l'anarchie les ont remplacés ; moins de sang inonde la France, mais plus de misère la consume ; votre esclavage enfin n'a fait que changer de forme, et vos désastres, que l'aggraver.

Vous avez prêté l'oreille aux calomnies répandues contre cette race antique, qui depuis si long-temps régnait sur vos cœurs autant que sur la France ; et votre aveugle crédulité a appesanti vos chaînes et prolongé vos infortunes.

En un mot, on a ébranlé, abattu les autels de votre Dieu, le trône de vos Rois, et vous avez été malheureux.

Ainsi l'impiété et la révolte ont causé vos tourmens ; pour en terminer le cours, il faut en tarir la source.

Il faut renoncer à la domination de ces usurpateurs fourbes et cruels qui vous promettaient le bonheur, mais qui ne vous ont donné que la famine et la mort :

nous voulons vous délivrer de leur tyrannie ; elle vous a fait assez de mal pour vous inspirer enfin la résolution de vous y soustraire.

Il faut revenir à cette religion sainte qui avait attiré sur la France les bénédictions du Ciel; nous voulons relever ses autels : en commandant la justice aux souverains, et aux sujets la fidélité, elle maintient le bon ordre, elle assure le triomphe des lois, elle produit la félicité des empires.

Il faut rétablir ce gouvernement qui fut pendant quatorze siècles la gloire de la France et les délices des Français, qui avait fait de notre patrie le plus florissant des États, et de vous-mêmes le plus heureux des peuples. Nous voulons vous le rendre : tant de révolutions, qui vous déchirent depuis qu'il est renversé, ne vous ont-elles pas convaincus qu'il est le seul qui vous convienne?

Et ne croyez pas ces hommes avides et ambitieux, qui, pour envahir à la fois et vos fortunes et la toute-puissance, vous ont dit que la France n'avait pas de constitution, ou que sa constitution du moins vous livrait au despotisme. Elle existe aussi ancienne que la monarchie des Francs; elle est le fruit du génie, le chef-d'œuvre de la sagesse et le résultat de l'expérience.

En composant de trois ordres distincts le corps du peuple français, elle a gradué sur une exacte mesure l'échelle de la subordination sans laquelle l'état social ne peut se maintenir : mais elle n'attribue à aucun de ces ordres aucun droit politique, qui ne soit commun à tous ; elle laisse l'entrée de tous les emplois ouverte aux Français de toutes les classes ; elle accorde également protection publique à toutes les personnes et à tous les biens : c'est ainsi qu'elle fait disparaître, aux yeux des lois et dans le temple de la justice, toutes les inégalités, que l'ordre civil introduit nécessairement dans le rang et dans la fortune des habitans du même empire.

Voilà de grands avantages ; en voici de plus précieux encore.

Elle soumet les lois à des formes qu'elle a consacrées, et le souverain lui-même à l'observation des lois, afin de prémunir la sagesse du législateur contre les piéges de la séduction, et de défendre la liberté des sujets contre les abus de l'autorité. Elle prescrit des conditions à l'établissement des impôts, afin d'assurer le peuple que les tributs qu'il paye sont nécessaires pour le salut de l'État. Elle confie aux premiers corps de magistrature le dépôt des lois, afin qu'ils veillent à leur exécution, et qu'ils éclairent la religion du monarque, si elle était trompée. Elle met les lois fondamentales sous la sauvegarde du Roi et des trois ordres, afin de prévenir les révolutions, la plus grande des calamités qui puissent affliger les peuples. Elle a multiplié les précautions pour vous faire jouir des avantages du gouvernement monarchique, et vous garantir de ses dangers. Vos malheurs inouïs, autant que sa vénérable antiquité, ne rendent-ils pas témoignage à sa sagesse ? Vos pères éprouvèrent-ils jamais les fléaux qui vous ravagent depuis que des novateurs ignorans et pervers l'ont détruite? Elle était l'appui commun de la cabane du pauvre et des palais du riche, de la liberté individuelle et de la sûreté publique, des droits du trône et de la prospérité de l'État. Aussitôt qu'elle a été renversée, propriété, sûreté, liberté, tout a disparu avec elle : vos biens sont devenus la pâture des brigands à l'instant où le trône est devenu la proie des usurpateurs; la servitude, la tyrannie vous ont opprimés, dès que l'autorité royale a cessé de vous couvrir de son égide.

Cette antique et sage constitution dont la chute a entraîné votre perte, nous voulons lui rendre sa pureté que le temps avait corrompue, toute sa vigueur que le temps avait affaiblie; mais elle nous a mis elle-même dans l'heureuse impuissance de la changer; elle est pour nous telle que l'arche sainte; il nous est défendu d'y porter une main téméraire. Votre bonheur et notre gloire, le vœu des Français, et les lumières que nous avons puisées à l'école de l'infortune, tout nous fait mieux sentir la nécessité de la rétablir intacte. C'est parce que la France nous est chère que nous voulons la remettre sous la protection bienfaisante d'un gouvernement éprouvé par une prospérité si longue; c'est parce qu'il est de notre devoir d'étouffer cet esprit de système, cette manie de nouveautés qui vous a perdus, que nous voulons renouveler, raffermir des lois salutaires, qui seules sont capables de rallier tous les esprits, de fixer toutes les opinions, d'opposer une digue insurmontable à la fureur révolutionnaire, que tout projet de changement dans la constitution de notre royaume déchaînerait encore.

Mais tandis que la main du temps imprime le sceau de la sagesse aux institutions humaines, les passions s'étudient à les dégrader, et mettent leur ouvrage ou à côté des lois pour les affaiblir, ou à la place des lois pour les rendre vaines. Toujours les abus marchent à la suite de la gloire et de la prospérité; toujours une prospérité constante, une gloire soutenue leur facilitent l'entrée des empires, en les dérobant à l'attention de ceux qui gouvernent. Il s'en était donc introduit dans le gouvernement de la France; et long-temps ils ont pesé non-seulement sur la classe du peuple, mais sur tous les ordres de l'État. Le feu Roi, notre frère et souverain seigneur et maître, les avait apperçus : il voulait les détruire; il mourut en chargeant son successeur d'exécuter les projets qu'il avait conçus dans sa sagesse, pour le bonheur de ce peuple égaré, qui le laissait périr. En quittant le trône d'où l'arrachèrent le crime et l'impiété, pour monter sur celui que le Ciel réservait à ses vertus, il nous traça nos devoirs, dans ce testament immortel, source inépuisable d'admiration et de regrets. Ce roi-martyr, soumis à Dieu qui l'avait fait roi, sut, à son exemple, mourir sans murmurer, faire de l'instrument de son supplice le trophée de sa gloire, et s'occuper du bonheur de ses sujets ingrats, lors même qu'ils comblaient la mesure de ses infortunes. Ce que Louis XVI ne put exécuter, nous l'accomplirons.

Mais si des plans de réforme peuvent se méditer au

milieu des troubles, ils ne peuvent s'exécuter qu'au sein de la tranquillité. Replacer sur ses bases antiques la constitution du royaume, lui donner la première impulsion, mettre en mouvement toutes ses parties, corriger les vices qui s'étaient glissés dans le régime de l'administration publique, c'est l'œuvre de la paix. Il faut que le culte de la religion soit rétabli, que l'hydre de l'anarchie soit étouffée, que l'autorité royale ait recouvré la plénitude de ses droits. C'est alors que nous opposerons aux abus une fermeté insurmontable, et que nous saurons également les chercher et les proscrire.

Les implacables tyrans qui vous tiennent asservis retardent seuls cet heureux instant; ils ne se dissimulent pas que le temps des illusions est fini, que vous sentez tout le poids de leur impéritie, de leurs crimes et de leurs brigandages. Mais aux frauduleuses promesses dont vous n'êtes plus les dupes, ils font succéder la crainte des supplices, qu'eux seuls ont mérités : après vous avoir tout ravi, ils nous peignent à vos yeux, comme un vengeur irrité, qui vient encore vous arracher la vie, l'unique bien qui vous reste. Epouvantés par les reproches de leur conscience, ils voudraient vous associer à leur sort, pour s'armer de votre désespoir; ils voudraient, en vous inspirant de fausses alarmes, se rassurer contre les frayeurs qui les obsèdent. Connaissez le cœur de votre Roi, et reposez-vous sur lui du soin de vous sauver.

Non-seulement nous ne verrons pas de crimes dans de simples erreurs, mais les crimes même que de simples erreurs auront causés, obtiendront grâce à nos yeux.

Tous les Français qui, abjurant des opinions funestes, viendront se jeter au pied du trône, y seront reçus. Tous les Français, qui n'ont été coupables que pour avoir été entraînés, loin de trouver en nous un juge inflexible, n'y trouveront qu'un père compatissant. Ceux qui sont restés fidèles au milieu de la révolte; ceux qu'un dévouement héroïque a rendus les compagnons de notre exil et de nos peines; ceux qui déjà ont secoué le bandeau des illusions et le joug de la révolte; ceux qui, dominés encore par un criminel entêtement, se hâteront de revenir à la raison et au devoir : tous seront nos enfans. Si les uns en ont conservé la qualité et les droits par une vertu constante, les autres les ont recouvrés par un salutaire repentir; tous participeront à notre amour. Nous sommes Français; ce titre, que les crimes de quelques scélérats ne sauraient avilir, comme les forfaits du duc d'Orléans ne peuvent flétrir le sang de Henri IV; ce titre, qui nous fut toujours cher, nous rend chers aussi tous ceux qui le portent. Nous plaignons les hommes faibles ou séduits qui marchent encore dans la voie de l'égarement; nous arrosons de nos larmes les cendres des malheureuses victimes de leur fidélité; nous gémissons sur le sort de ceux qui ont péri pour le soutien de la rébellion et du schisme, et qu'il nous eût été bien doux de ramener au sein de l'Église et de la monarchie. Nous ne souffrons que de vos maux; et la seule félicité que nous puissions nous permettre, c'est de les guérir.

Sans doute ils sont affreux les excès auxquels le peuple s'est livré ; mais nous n'oublions pas que la séduction et la violence ont eu sur lui plus d'empire que l'opinion et la volonté. Nous savons que, même en favorisant les attentats de la révolution, son cœur, resté fidèle, en secret désavouait sa conduite dirigée par la terreur. Ce peuple trompé et subjugué tour à tour, mais toujours plus à plaindre que coupable, ce peuple assez et trop puni par six ans d'esclavage et d'oppression, par cette multitude de fléaux dont il s'est frappé lui-même, ce peuple, qui fut toujours l'objet chéri de l'affection des Rois nos prédécesseurs, nous dédommagera de nos longs tourmens par les bienfaits que nous répandrons sur lui.

Qui eût osé croire que jamais la perfidie ou la rébellion pourraient atteindre cette armée, jadis l'appui du trône, et dévouée de tout temps à l'honneur et au Roi ! Ses succès ont prouvé que le sentiment du courage est ineffaçable dans le cœur des Français ; mais que de larmes ils doivent vous coûter, ces succès si funestes ! Ils ont été le principe de l'oppression générale. Ils ont été l'appui, ils ont fomenté l'audace de vos exécrables tyrans ; c'est l'instrument dont la main de Dieu s'est servi pour le châtiment de la France. Quel soldat, rentrant dans ses foyers, n'y trouvera pas les traces encore sanglantes des malheurs causés par ses victoires ?... Mais enfin l'armée française ne peut pas être long-temps l'ennemie de son Roi. Puisqu'elle a conservé son antique bravoure, elle reprendra ses premières vertus. Puisque l'honneur n'est pas éteint dans son âme, elle en reconnaîtra, elle en suivra la voix. Bientôt, nous n'en doutons pas, le cri de *Vive le Roi* remplacera parmi elle les clameurs de la sédition. Bientôt elle reviendra, soumise et fidèle, affermir notre trône, expier à nos pieds jusqu'à sa gloire, et lire dans nos regards l'oubli de ses erreurs et le pardon de ses fautes.

Nous pourrions, nous devrions peut-être laisser à la justice un libre cours contre les criminels auteurs des égaremens du peuple, contre les chefs et instigateurs de la révolte : et comment pallier les maux irréparables qu'ils ont faits à la France? Mais ceux que la justice divine n'a pas encore frappés, nous les livrons à leur conscience : elle fera leur supplice. Puissent-ils, vaincus par cet excès d'indulgence, et rentrant sincèrement dans la soumission et dans le devoir, nous justifier nous-même de la grâce inattendue que nous leur avons accordée!

Il est cependant des forfaits (que ne peuvent-ils s'effacer de notre souvenir et de la mémoire des hommes!) il est des forfaits dont l'atrocité passe les bornes de la clémence royale.

Dans cette séance, à jamais horrible, où des sujets eurent l'audace de juger leur Roi, tous les députés qui participèrent au jugement en furent complices. Nous aimons à croire néanmoins que ceux dont le suffrage voulut détourner le fer parricide de sa tête sacrée ne se mêlèrent parmi les assassins que dans le desir de la sauver, et ce motif pourra solliciter leur pardon. Mais les scélérats dont la bouche sacrilége osa prononcer le vœu de sa mort ; mais tous ceux qui ont été les co-opérateurs, les instrumens directs et immédiats de son supplice ; mais les membres de ce tribunal de sang, qui, après avoir donné dans la capitale le signal et l'exemple des massacres judiciaires, mit le comble à ses attentats en envoyant à l'échafaud une reine plus grande encore dans sa prison que sur le trône, une princesse que le ciel avait formée pour être le modèle accompli de toutes les vertus : tous ces monstres, que la postérité ne nommera qu'avec horreur, la France entière appelle sur leur tête le glaive de la justice.

Le sentiment qui nous fait restreindre la vengeance des lois dans des bornes si étroites, vous est un gage assuré que nous ne souffrirons pas des vengeances particulières ; mais loin de vous la pensée qu'aucune vengeance particulière vous menace.

Les princes fidèles de notre maison partagent nos principes, nos affections et nos vues ; ils vous chérissent comme nous vous aimons ; comme nous, ils ne forment que des vœux pour la fin de vos tourmens ; le seul but de leurs travaux comme des nôtres, c'est votre délivrance ; et si, dans ces jours de deuil et de crimes, la Providence nous réservait successivement un sort funeste, vous verriez le sceptre passer jusqu'au dernier de nous, sans vous apercevoir que l'autorité royale eût changé de dépositaire.

Les Français qui sont restés parmi leurs compatriotes pour leur donner l'exemple d'une fidélité à toute épreuve, ne sauront que plaindre ceux qui n'ont pas su les imiter ; et la vertu inaltérable, qu'ils ont opposée au torrent de la corruption, ne sera pas flétrie par des animosités coupables.

Ces ministres d'un Dieu de paix, qui ne se sont dérobés à la violence de la persécution que pour vous conserver la foi, remplis du zèle qui éclaire, de la charité qui pardonne, enseigneront, par leurs exemples autant que par leurs discours, l'oubli des injures et l'amour de ses ennemis. Pourriez-vous craindre qu'ils ternissent l'éclat immortel que leur conduite généreuse et le sang de tant de martyrs a répandu sur l'Eglise gallicane.

Nos Cours de magistrature, qui se sont toujours distinguées par leur intégrité dans l'administration de la justice, donneront l'exemple de l'obéissance aux lois dont elles sont les ministres. Inaccessibles aux passions, que leur devoir est de réprimer, elles assureront, par une fermeté impartiale, l'effet des sentimens que la clémence nous inspire.

Cette noblesse, qui n'a quitté sa patrie que pour la mieux défendre; qui n'a tiré l'épée que dans la ferme persuasion qu'elle s'armait pour la France et non contre elle; qui vous tend une main secourable alors qu'elle est obligée de vous combattre; qui aux fureurs de la calomnie, oppose la constance dans l'adversité, son intrépidité dans les combats, son humanité dans la victoire, son dévouement à l'honneur : cette noblesse, qu'on s'efforce de mettre en butte à votre haine, n'oubliera pas que le peuple doit trouver en elle sa lumière, son secours, son appui; elle mettra sa gloire dans sa magnanimité, elle illustrera tant de sacrifices qu'elle a faits, par le sacrifice de tous ses ressentimens; et cette classe d'émigrés, qui sont ses inférieurs par la naissance, mais ses égaux par les vertus; ces bons Français, dont la fidélité est d'autant plus recommandable à nos yeux, qu'ils avaient plus de séductions à vaincre, témoins non suspects de ses sentimens généreux, en seraient, s'il était nécessaire, les garans auprès de vous. Qui oserait se venger quand le Roi pardonne?

Mais la clémence qui signalera les premiers jours de notre règne sera inséparable de la fermeté. Notre amour pour nos sujets nous engage à être indulgent; le même motif nous apprend à être juste. Nous pardonnerons sans regret à ces hommes si coupables qui ont égaré le peuple; nous traiterons avec une rigueur inexorable ceux qui désormais tenteraient de le séduire. Nous tendons les bras aux rebelles que le repentir et la confiance ramèneront à nous; s'il en est qui s'obstinent dans la révolte, ils apprendront que notre indulgence s'arrête au terme marqué par la justice, et que la force saura réduire ceux que la bonté n'aura pu gagner.

Ce trône, que deux fois la révolution a privé du souverain qui l'occupait, n'est pas pour nous un objet d'ambition et de jouissance. Hélas! fumant encore du sang de notre famille et tout entouré de ruines, il ne nous promet que des souvenirs douloureux, des travaux et des peines. Mais la Providence nous ordonne d'y monter, et nous savons lui obéir; nos droits nous y appellent, et nous saurons les défendre; nous pourrons y travailler au bonheur de la France, et ce motif enflamme notre courage. Si nous sommes réduits à le conquérir, pleins de confiance dans la justice de notre cause, et dans le zèle des bons Français, nous marcherons à sa conquête avec une constance infatigable et d'un pas intrépide : nous y marcherons, s'il le faut, à travers les cohortes des rebelles et les poignards des assassins. Le Dieu de Saint-Louis, ce Dieu que nous prenons à témoin de la pureté de nos vues, sera notre guide et notre appui.

Mais non..... Nous ne serons pas contraints d'employer les armes contre des sujets égarés : non..... Nous ne devrons qu'à eux-mêmes, à leurs regrets, à leur amour, le rétablissement de notre trône; et la miséricorde divine, fléchie par leurs larmes, fera refleurir la Religion dans l'empire des Rois très-chrétiens.

Ce doux espoir luit au fond de notre cœur. L'infortune a déchiré le voile qui couvrait vos yeux ; les dures leçons de l'expérience vous ont instruits à regretter les biens que vous avez perdus. Déjà les sentimens religieux, qui se manifestent avec éclat dans toutes les provinces du royaume, retracent aux yeux édifiés l'image des beaux siècles de l'Eglise; déjà le mouvement de vos cœurs, toujours Français, qui vous ramène à votre Roi, annonce que vous sentez le besoin d'être gouvernés par un père.

Mais ce n'est pas assez de former de stériles vœux; il faut prendre une résolution ferme : ce n'est pas assez de gémir sous le joug de vos oppresseurs; il faut nous aider à le rompre. Montrez à l'univers comment les Français, rendus à eux-mêmes, savent effacer des fautes dont leurs cœurs n'étaient pas complices. Prouvez que si le grand Henri nous a transmis, avec son sang, son amour pour son peuple, vous êtes aussi les descendans de ce peuple, dont une partie toujours fidèle combattit pour lui rendre sa couronne, et l'autre, abjurant une erreur passagère, baigna ses pieds des larmes du repentir. Songez enfin que vous êtes les petits-fils des vainqueurs d'Ivri et de Fontaine-Française.

Et vous, invincibles héros, que Dieu a choisis pour être les restaurateurs de l'autel et du trône, et dont la mission est attestée par une multitude de prodiges; vous dont les mains triomphantes et pures ont entretenu, au sein de la France, le flambeau de la foi et le feu sacré de l'honneur; vous que notre cœur a constamment suivis, auprès de qui nos vœux nous portaient sans cesse, qui fûtes toujours notre consolation et notre espoir, illustres armées catholiques et royales, dignes modèles de tous les Français, recevez les témoignages de la satisfaction de votre Roi. Jamais il n'oubliera vos services, votre courage, l'intégrité de vos principes et votre inébranlable fidélité.

Donné au mois de juillet, l'an de grâce 1795, et de notre règne le premier.

LOUIS.

III.

Déclaration des principes de la majorité de la Chambre des Députés, session de 1815-1816.

Nous, membres composant la majorité de la chambre

des députés, nous sommes unis dans les principes dont nous faisons ici une déclaration formelle.

1°. Nous sommes inviolablement attachés au gouvernement monarchique et à la succession légitime dans la maison régnante (1).

2°. Nous adoptons entièrement les principes de la Charte constitutionnelle, la division des pouvoirs qu'elle a établie (2); nous en maintiendrons l'esprit,

---

(1) Proclamation du Roi, datée de Cambrai, le 28 juin 1815, *Bull.* n° 2, p. 3, alinéa 3 : « Mes sujets ont appris, par de » cruelles épreuves, que le principe de la légitimité des » souverains est une des bases fondamentales de l'ordre so- » cial, la seule sur laquelle puisse s'établir, au milieu d'un » grand peuple, une liberté sage et bien ordonnée. Cette doc- » trine vient d'être proclamée comme celle de l'Europe en- » tière : je l'avais consacrée d'avance par ma Charte, et je » prétends ajouter à cette Charte toutes les garanties qui » peuvent en assurer le bienfait. »

(2) Réponse de S. A. R. Monsieur, lieutenant-général du royaume, au sénat (Voyez le *Moniteur* du 15 avril 1814) : « Le Roi, en déclarant qu'il maintiendrait la forme actuelle » du Gouvernement, a donc reconnu que la monarchie devait » être pondérée par un gouvernement représentatif, divisé » en deux chambres : ces deux chambres sont le sénat et le » corps-législatif. » — Déclaration du Roi, datée de Saint-Ouen, le 2 mai 1814, *Bull.* 8, n. 89, p. 75 : « Le gouverne- » ment représentatif sera divisé en deux corps; savoir : le » sénat et le corps-législatif. » —Charte constitutionnelle , *Bull.* 17, n. 133, p. 201, art. 15 : « La puissance législative » s'exerce collectivement par le Roi, la chambre des pairs et » la chambre des députés des départemens. »

et nous entrerons dans les conséquences de ce système, comme le remplacement le plus raisonnable des anciennes institutions, libertés et franchises.

3°. Nous ne jetons un regard sur le passé que pour y puiser des leçons pour l'avenir, et nous voulons placer entre l'un et l'autre un mur d'airain (1). Ainsi, nous entendons que tous les intérêts créés par la révolution, qui sont finis, soient irrévocablement assurés (2). Nous

---

(1) Réponse de S A. R. Monsieur au sénat (Voyez le *Moniteur* du 15 avril 1814) : « Aucun individu ne pourra » être inquiété pour ses opinions et ses votes. » — Déclaration du Roi, datée de Saint-Ouen, le 2 mai 1814, *Bull.* 8, n. 89 : « Nul individu ne peut être recherché pour ses opi-» nions et ses votes. » — Charte constitutionnelle, *Bull.* 17, n. 133, art. 11 : « Toutes recherches, pour des opinions et » des votes émis jusqu'à la restauration, sont interdites. Le » même oubli est commandé aux tribunaux et aux citoyens. » — Opinion de M de Villèle sur le budget de 1816, n. 122 du *Bulletin de la Chambre*, p. 21, lig. 15 : « Élevons un mur » d'airain entre le passé et l'avenir, mais sortons de l'ornière » de la révolution pour n'y rentrer jamais. »

(2) Réponse de S. A. R. Monsieur au sénat (*Moniteur* du » 15 avril 1814) : « La dette publique sera garantie ; les pen-» sions, grades, honneurs militaires, seront conservés, ainsi » que l'ancienne et la nouvelle noblesse. La Légion-d'Hon-» neur est maintenue. » — Déclaration du Roi, datée de Saint-» Ouen, le 2 mai 1814 : « La dette publique sera garantie ; » les pensions, grades, honneurs militaires, seront conser-» vés, ainsi que l'ancienne et la nouvelle noblesse. La Lé-» gion-d'Honneur est maintenue. » — Charte constitution-» nelle, art. 69 : « Les militaires en activité de service, les

143

maintiendrons l'abolition des priviléges et des ordres privilégiés comme corps politiques (1), l'égalité de droit et d'admission dans tous les emplois, la liberté des cultes (2), l'aliénation des propriétés opérée dans le cours de la révolution, quelle que soit leur origine (3); mais nous n'admettons plus dans l'avenir

---

» officiers et soldats en retraite, les veuves des officiers et
» soldats pensionnés, conserveront leurs grades, honneurs et
» pensions. Art. 70 : La dette publique est garantie. Toute
» espèce d'engagement pris par l'État envers ses créanciers,
» est inviolable. Art. 71 : La noblesse ancienne reprend ses
» titres, la nouvelle conserve les siens. Art 72 : La Légion-
» d'Honneur est maintenue. »

(1) Charte constitutionnelle, art. 71 : « Le Roi fait des
» nobles à volonté, mais il ne leur accorde que des honneurs
» et des rangs, sans aucune exemption des charges et des de-
» voirs de la société. »

(2) Réponse de S. A. R. Monsieur au sénat, et déclaration
du Roi, datée de Saint-Ouen, le 2 mai 1814 : « La liberté des
» cultes sera garantie. » — Charte constitutionnelle, art. 5 :
« Chacun professe sa religion avec une égale liberté, et ob-
» tient pour son culte la même protection. »

(3) Réponse de S. A. R. Monsieur au sénat, et déclaration
de Saint-Ouen : « Les propriétés seront inviolables et sacrées;
» la vente des biens nationaux sera irrévocable. » — Charte
» constitutionnelle, art. 9 : « Toutes les propriétés sont in-
» violables, sans aucune exception de celles qu'on appelle na-
» tionales, la loi ne mettant aucune différence entre elles. »—
Proclamation de Cambrai, en date du 28 juin 1815, *Bull.* 1,
n. 2, p. 3, alinéa 5 : « Si les acquéreurs de domaines natio-
» naux ont conçu des inquiétudes, la Charte aurait dû suf-

l'application des principes qui ont créé ces intérêts, et nous les regardons comme destructeurs de tout gouvernement (1).

4°. Nous pensons que les nouvelles institutions doivent être replacées sur les bases anciennes et immuables de la religion et de la morale. C'est ainsi que nous voulons donner au clergé une honorable indépendance, l'administration des biens ou des revenus qui peuvent la lui assurer (2); enfin une existence civile, et en même temps l'associer aux intérêts les plus chers de l'État, en lui faisant prendre part à l'éducation publique (3), et à l'administration des établissemens consacrés au soulagement et au bien de l'humanité.

5°. D'après les mêmes principes, nous desirons replacer les lois sous une plus grande influence morale,

---

» fire pour les rassurer : n'ai-je pas moi-même proposé aux » chambres, et fait exécuter des ventes de ces biens ? Cette » preuve de ma sincérité est sans réplique. »

(1) Charte constitutionnelle, art. 66 : « La peine de con- » fiscation des biens est abolie, et ne pourra pas être réta- » blie. »

(2) Résolution de la Chambre des députés, du 15 janvier 1816, touchant les libéralités que le clergé pourra recevoir, adoptée par la chambre des pairs le 5 mars.

(3) Ordonnance du Roi, en date du 29 février 1816, relative aux écoles primaires, *Moniteur* du 6 mars 1816. — Proposition de M. de Saint-Romain, relative à l'amélioration de l'instruction publique, présentée le 31 janvier 1816, *Moniteur* des 1 et 3 février.

en effacer ce qui est contraire à la religion, ce qui est opposé à la morale publique (1), enfin, tout ce qui ne convient pas à l'esprit de la monarchie. C'est sous ce rapport que nous demandons une révision des lois civiles et criminelles : nous desirons en même temps que la magistrature soit environnée d'une plus grande considération.

6°. Nous croyons que la police ne doit être ni une inquisition, odieuse ni un agent du despotisme, mais une garantie pour le trône, et une magistrature qui serve à éclairer le Gouvernement sur l'opinon publique, et l'opinion sur ses véritables intérêts. Nous croyons que la presse doit être libre, mais que des mesures sévères doivent en réprimer les abus (2).

7°. Nous voulons que la France recouvre l'entière indépendance de son territoire, et le premier moyen que nous concevons pour y parvenir, est l'exécution

---

(1) Résolution de la chambre des députés, en date du 2 mars 1816, adoptée par la chambre des pairs le 19, tendante à supplier le Roi de proposer une loi relative au divorce. — Résolution de la chambre des députés, relative à la suppression des pensions des prêtres mariés, adoptée par la chambre des pairs.

(2) Réponse de S. A. R. Monsieur au sénat, et déclaration de Saint-Ouen : « La liberté de la presse sera respectée, sauf » les restrictions nécessaires à l'ordre et à la tranquillité pu- » blique. » — Charte constitutionnelle, art. 8 : « Les Fran- » çais ont le droit d'imprimer et de faire publier leurs opi- » nions, en se conformant aux lois qui doivent réprimer les » abus de cette liberté. »

pleine et entière des engagemens contractés avec les puissances alliées. Nous porterons le même concours à conserver d'honorables alliances, et nous regardons la prospérité des peuples qui nous environnent, comme le premier gage de celle de la France.

8°. Désabusés à jamais de tout esprit d'agrandissement, nous voulons une armée nationale dont le cadre, resserré en temps de paix, puisse en temps de guerre, ouvrir ses rangs à de nombreux soldats; et nous ne regardons point comme perdus pour la France, les militaires qui, entraînés par des circonstances extraordinaires, ont *dû être licenciés*, mais qui, par leurs talens et leur bravoure, contribueront à la sûreté de la patrie, comme ils ont contribué à sa gloire.

9°. Nous pensons que les intérêts des administrés doivent, en plus grande partie, être confiés à des administrations locales, soit municipales, soit départementales ou provinciales; que la centralisation de toutes les affaires et de toutes les décisions dans les ministère est abusive; qu'elle doit cesser, en confiant des pouvoirs plus étendus aux agens supérieurs, délégués par les ministres. C'est dans ces principes que nous demandons une révision des lois administratives (1).

10°. Nous plaçons dans la perspective, l'espoir de diminuer l'impôt foncier, d'en régulariser la répartition, d'établir les impôts indirects d'une manière moins

---

(1) Opinion de M. le comte de Rougé, sur le budget de 1816, ligne 16 et suiv. (*Bulletin de la Chambre*, n. 215.)

uniforme, mais mieux adaptée aux intérêts et aux habitudes des différentes parties du territoire ; enfin, d'établir un bon système de crédit public.

11°. Nous ne négligerons aucune occasion d'embrasser les intérêts du commerce (1), des arts, de la civilisation, de développer toutes les industries et tous les genres de productions, et de répandre toutes les lumières qui les perfectionnent. Nous desirons que les diverses classes d'arts et métiers forment des associations libres pour assurer leurs intérêts, et maintenir, parmi leurs membres, une discipline utile, sans que ces établissemens puissent gêner l'indépendance de l'industrie (2).

12°. Nous définissons enfin ce que nous entendons par *épuration :* c'est l'éloignement des emplois publics, des hommes qui, depuis la restauration, se sont établis en état de guerre avec la légitimité du trône et les principes de la morale. Nous admettons encore ici des restrictions ; nous demandons que les emplois de premier ordre, tels que ceux de *ministres, gouverneurs, directeurs-généraux, conseillers-d'état,* ne soient occupés que par ceux qui, depuis la restauration, et particulièrement pendant les trois mois de l'usurpation, ont donné des preuves et des garanties positives de leur

---

(1) Proposition faite par M. Nicolas Rolland, tendant à rendre à toutes les chambres de commerce leurs anciennes attributions. (*Bulletin de la chambre des députés*, n. 211.)

(1) Opinion de M. le comte de Rougé, sur le budget de 1816, (*Bulletin de la chambre*, n. 225, p. 37 à 45.)

attachement au Roi; que les emplois du second ordre, tels que ceux de *préfets*, *commandans*, *premiers magistrats*, *chefs d'administration*, *receveurs-généraux*, ne soient confiés qu'à ceux qui, au moins, n'ont à se reprocher aucun acte contre l'autorité royale depuis la restauration ; enfin, qu'on éloigne des emplois inférieurs ceux dont la conduite est contraire à la morale et à la probité.

13°. En émettant ces principes et ces vœux, la majorité de la chambre des députés ne perd point de vue dans quelles bornes est resserrée la part qu'elle peut prendre à leur accomplissement. Elle desire donc que le ministère du Roi, *uni* (1) dans les mêmes principes, lui propose, suivant le temps et les circonstances, les moyens de les appliquer. Il trouvera en ce cas, dans la majorité, un concours franc, entier, désintéressé, mais aussi une opposition ferme et constante à toute application de principes contraires.

Fait à Paris, le 20 janvier 1816.

____

(1) Proclamation de Cambrai, en date du 18 juin 1815, (*Bulletin* 1, n. 2, p. 3) : « L'unité du ministère est la plus » forte garantie de la Charte que je puisse offrir ; j'entends » qu'elle existe, et que la marche franche et assurée de mon » conseil garantisse tous les intérêts et calme toutes les in-» quiétudes. »

TABLE DES MATIÈRES.

		Pages
Avant-propos.		v
Chapitre Ier.	Profession de foi politique du gentilhomme.	9
II.	Coup-d'œil général sur l'ancienne Constitution française.	15
III.	Préambule et texte de la Charte.	48
IV.	Analogies entre les dispositions de la Charte et les anciennes Constitutions.	88
V.	Du Gouvernement représentatif selon la Charte.	84
VI.	Élémens de représentation puisés dans la Charte.	90
VII.	De l'Administration selon la Charte.	96
VIII.	Justices de paix, Conseils de préfecture, Conseil-d'État en harmonie avec la Charte.	104
Conclusion.		118
Notes.		124

FIN DE LA TABLE.

www.ingramcontent.com/pod-product-compliance
Ingram Content Group UK Ltd.
Pitfield, Milton Keynes, MK11 3LW, UK
UKHW021937070726
13614UKWH00001B/480